ちょっとした
ひと言が、
子どもを
伸ばす・傷つける

教育評論家 親野智可等
イラスト くぼあやこ

親の言葉100

グラフィック社

親の言葉
100

はじめに

子どもはみんなママとパパのことが大好きです。
だからこそ、親の言葉は子どもにとって最大の環境といえます。

子どもの成長に親という環境が与える影響は大きいです。
親が何気なく言ったひと言を10年も20年も覚えていて、
思いだすたびに、嬉しくなったり苦しくなったりすることもあります。

親は言ったことすら覚えていないような言葉でも、
子どもはそこからパパやママの気持ちを読みとります。
そして、よくも悪くもそれに影響されながら育っていきます。

ところが、悲しいことに
昔からの子育ての迷信に惑わされたり、
子どもにこうなってほしいという願いが強すぎたりすることで
子どもにとってよくない言葉をかけてしまっている親はとても多いのです。

また親という絶対的な立場にあぐらをかいて
子どもをひとりの人間としてリスペクトしていない親が多いとも感じます。

本当は親はみんな、子どもにしあわせになってほしいと思っているはずです。
でも、間違った子育て常識や思い込みからでる言葉によって、
それが子どもに伝わっていないことも多いのです。
それどころか、「パパやママは自分のことを大切に思ってない」と、
勘違いさせてしまうことも……。
このようなすれ違いで親子関係が悪くなってしまうのは、本当に残念なことです。

子育てでいちばん大切なことは、親子関係をよくすることです。
それではじめて、子どもの自己肯定感が高まるからです。
では、どうしたら良好な親子関係を築くことができるのでしょうか？

そのためにとにかく大事なのは、親の言葉を変えることです。
言葉を変えれば親の愛情が子どもに伝わるようになります。

そして、「愛されている」と実感できた子は、
自分の存在を肯定できる「自己肯定感」と
自分以外の人を信頼できる「他者信頼感」が同時に育ちます。

このふたつを持っている子は、自分がやりたいことを自分で見つけられ、

主体的に取り組むチャレンジ精神や努力を継続する力があります。

また、他者と上手にコミュニケーションをとって協力する力も自ら育みます。

こうした力が、子どもの人生を充実したものにしてくれるのは間違いありません。

本書の使い方

この本では、幼児から小学生の子どもを持つ親が、子どもによく言う言葉を100例紹介しています。

それぞれに、その言葉を言われたときの子どもの気持ち、その言葉が子どもにもたらす影響、親の意識と言葉の変え方を解説しています。


すべてを読み込む必要はありません。

「こんなに言ってはいけない言葉があるの?」と思って、それがストレスになるのは本末転倒です。

100例掲載しているのは、より具体的にシーンをだすことで、子育てに悩むパパ・ママがよりイメージしやすいと思ったからです。


はじめから読み進める必要もありません。

ひとつの言葉の解説は見開き2ページで完結しています。

「本当はこんな言葉を言いたくないけど言ってしまう」

「この言葉を子どもに投げかけたあと後悔してしまう」

「これを言うと、子どもが変な表情する」

そういった言葉のページから読んでください。

すべてに共通しているのは、親子関係をよくし
子どもの「自己肯定感」と「他者信頼感」を育むために
どうしたらいいかを解説しているということ。

子どもはあっという間に大きくなります。

子どもが本当に子どもらしくいる時間は思ったより短いです。

その短い期間を、大変さも含めてたっぷり味わってもらいたいと思います。

家が片付いてなくても家事が完璧でなくても大丈夫です。

大変なときは手を抜いたり人に助けてもらったりすればいいのです。


子どもの苦手や短所を直す必要も、完璧な人間に育てる必要もありません。

それよりも、親子で過ごせる「いま」をうんと楽しんでください。

そのためにも、まずは親の意識と言葉を変えてほしいと思います。

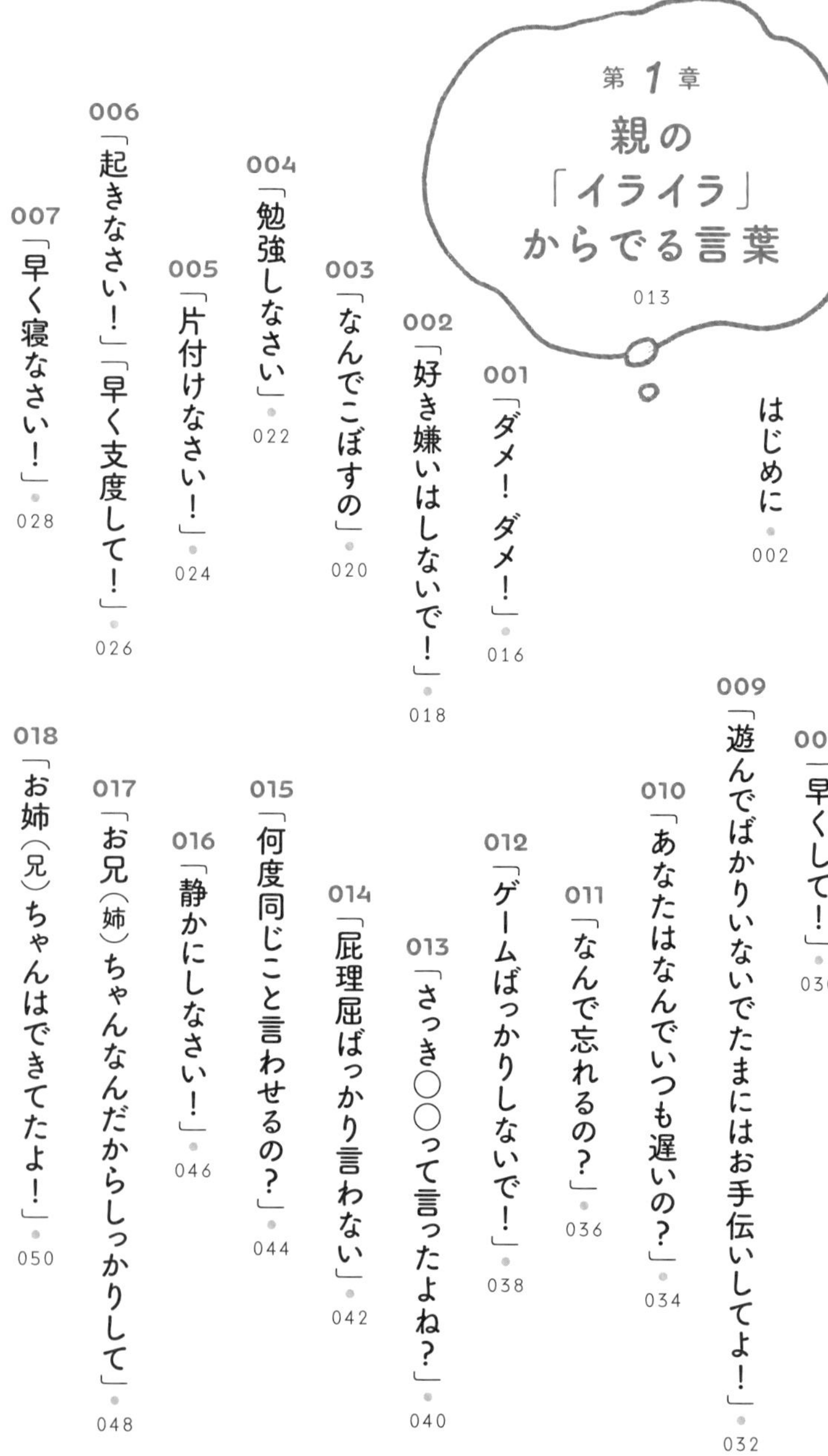

第2章 親が「よかれと思って」言う言葉

第3章 親が「ついつい」使っている言葉

第4章 「大切にしたい」親の言葉

コラム

編集
庄司美穂
（グラフィック社）

装丁
角倉織音
（オクターヴ）

親の「イライラ」からでる言葉

子どもが言うことを聞かないとき、
わざと親の心を逆撫でしているように見え、
親は自分がバカにされたと感じてイライラします。

でも、子どもにはそんな意図はまったくありません。
ほかにやりたいことがある、言いたいことがある、気分がのらない、
突然でどうしていいのかわからない、能力的にできない、
親の言っていることが聞き取れなかった、理解できなかったなど、
真の原因は別のところにあります。

悪いことをしている認識がないことがほとんどで
突然親からイライラをぶつけられて、子どもはこう思います。

「ママはボクをダメな子どもだと思っている」
「パパはワタシを嫌いなのかも」

イライラしたらとりあえず深呼吸。
そしてイライラしている自分に気づきましょう。
もうひとりの自分がイライラしている自分を見ているイメージを持って、
そのうえで子どもがなぜ自分の言葉を受け入れないのかを探ります。

この章では、イライラしたときについつい
子どもに投げてしまう言葉を解説しています。
親の言葉と子どもの気持ちのギャップがわかれば
イライラに飲み込まれ、後悔することも少なくなるでしょう。

一日何回も「ダメ！ダメ！」と言うことの弊害は、とても大きい

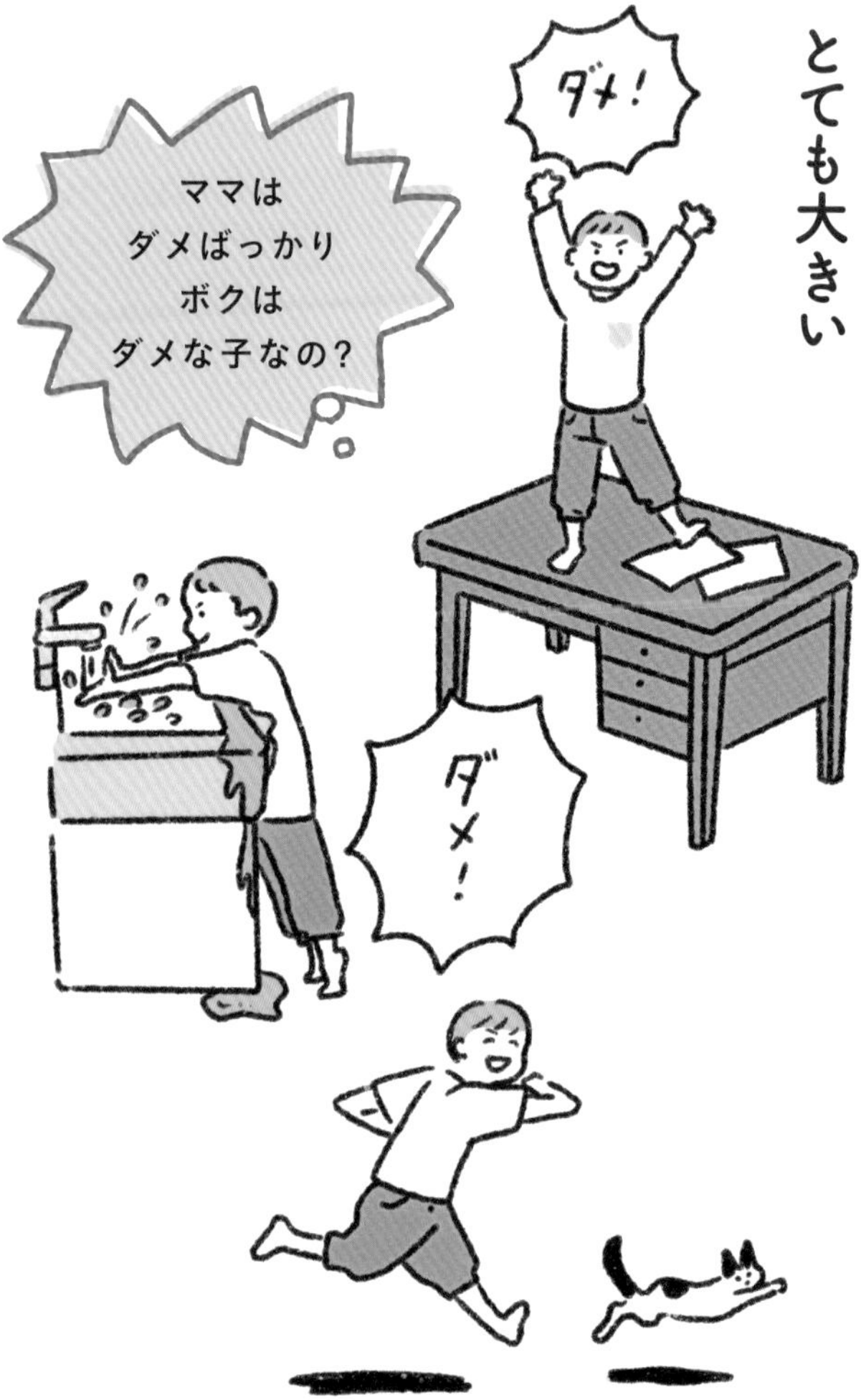

これも同じです

- たいして危険ではないことも先まわりして制止する
- 子どもがなにもしていないうちから「◯◯しちゃダメだよ」と言う

「ダメ」と言わなければ子どもは伸びる。子どもを責めない言い方にしよう

「ダメ」と言われ続けると子どもは自分を丸ごと否定された気持ちになってしまう

児童心理学によると子育てでいちばん大切なのは自分を丸ごと認める「自己肯定感」と、他人を承認できる「他者信頼感」を育てることです。これは世界中の多くの専門家たちの莫大な調査研究で、はっきりと結論がでています。しつけを優先しすぎると「ダメ」と否定的に叱ることが増え、これらが育たなくなります。

また子どもは否定語を理解するのが苦手で、「騒いではダメ」と言われると、脳内では「騒ぐ」ことにとらわれてしまいます。これは「シロクマ実験」という心理学実験でも実証済み。「シロクマのことだけは、絶対に考えないでください」と伝えられた人たちが、かえってシロクマのことばかり考えてしまったのです。

では、放任すればいいのかというと、そういうわけではありません。「走っちゃダメ」ではなく「歩こうね」、「触らないで」ではなく「見るだけだよ」というように、**子どもを責めない言い方にしましょう。**P198も参考にしてください。

食事中に「好き嫌いはしないで！」は 食べることが嫌いになる原因に

ママ
なんか怒ってる
もう食べるの
イヤだな

野菜も食べなさい。

これも
同じです

- 「好き嫌いするとロクな人間にならないよ」
- 「ママがせっかくつくったのに残すの悲しい」
- 「いつか食べるかも」と苦手ものを食卓にだし続ける

好き嫌いをなくす無理な努力はナシ。「おいしいね、楽しいね」を大切に

食べ物の好き嫌いは子どもの将来にそれほど大きく影響しない

家族みんなで囲む楽しい食卓は、子どもにとっていちばんしあわせなひと時。そんな食事の時間に叱ることはやめましょう。家では食べないけれども、外食だと食べるというのはよく聞く話。子どもは「楽しく」食事がしたいのです。**楽しい食事は子どもにとって心の栄養です。**

「食べ物の好き嫌いがあると、人間関係や仕事でも好き嫌いするようになる」と言う人もいますが、安心してください。関係ありません。

でも栄養面が心配…

食べることに喜びを感じると、苦手なものも食べてみようと思うかもしれません。それに食べ物の好き嫌いがあっても将来それほど困りません。同じ栄養素をほかで補えばＯＫ。児童心理学の大家、佐々木正美先生も、「偏食を直そうとがんばりすぎると、子どもはたくさんのものを失う」とおっしゃっています。好きなものをたくさんだしてあげてください。

003

よく食べ物をこぼす子どもに「なんでこぼすの」と責め続けると「自分はダメな子だ」と感じてしまう

これも同じです

- 「なんで上手に食べられないの?」
- 「じっとしていられないなんてダメな子だね」
- 「小学生になったのに、片付けもできないなんて悪い子だね」

「なんで」は子どもにもわからない。子どもを観察して解決策を見つけよう

親の「なんでできないの」は、子どもからすると ただ理不尽に叱られているだけ

「なんで○○できないの」と叱る人が多いです。でも、**子ども自身もできない理由をわかってないことがほとんどです。**これが続くと「できない自分はダメな子だ」と子どもの自己肯定感がさがってしまいます。

ある親はよく子どもに「なんでこぼすの？」と叱り続けていましたが、ある日「本当になんでこの子はこぼすのか」と冷静に観察してみました。すると、食器の縁のかたちに問題があること、椅子が高すぎることなどの原因を発見。それを改善したらこぼさなくなりました。**「なんで」は大人が考えるべきことなのですね。**

観察のポイントは？

できないといっても、「できそうなとき」もあるもの。まったくできないときとの差を冷静に観察します。園や学校では上手に食べられているなら、食器の違いや椅子の高さの違いなどをチェック。解決策が導きだせるかもしれません。

004

毎日のようにガミガミと「勉強しなさい」と言われた子は「勉強＝叱られるもの」と感じて嫌いになる

勉強しなさーい！

勉強って
叱られるもの
なんだ…
イヤだな

これも
同じです

- 「勉強しないとロクな大人にならないよ」
- 「遊んでばかりいないで勉強しなさい」

叱らないと勉強しないのではなく、叱るから勉強しない。それに気づこう

勉強好きにしたいならどんなちいさなことでもほめるところからはじめる

脳科学によると脳は勘違いの名人です。親が毎日のように「勉強しなさい」と叱っていると、「**勉強は不愉快なものだ**」と**感じるようになります。**本当は勉強の中身で不愉快になったのではなく、親から叱られた言葉によって不愉快になったのに、脳が勘違いしてしまうのです。

勉強の中身について叱るのも同じです。たとえば「もっとていねいに書きなさい」「ちゃんと問題を読んでないでしょ！」「なんでわからないの」など。実は「勉強すると叱られるから嫌い」と感じている子は多いのですよ。**まずはほめるところを見つけてほめる、これが鉄則です。**

ほめるところがないときは？

ほめるところがない子どもはいません。今まで書けない文字が書けるようになった、前よりもていねいに書けるようになった……なんでもいいのです。ほめられると子どもの脳は心地がいいと感じます。**勉強＝心地よいと思わせることから。**

005

「片付けなさい!」と言い続けると子どものなかで片付けの価値がどんどんさがる

これも同じです

- 「片付けられない大人になるよ。恥ずかしいよ」
- 毎日のように「宿題しなさい!」と口すっぱく言う

子どものころに片付けができるようにならなくてもいい。楽しくが鉄則

子どもにもプライドがある　不愉快な言葉で責めるのは　効果的とはいえない

イソップ物語の「酸っぱいブドウ」の話。キツネがブドウを見つけたけど、何度ジャンプしても届かない。あきらめるとき「あれは酢っぱいからいらない」とつぶやきます。ブドウの価値をさげることで自分のプライドを守ったのです。

片付けのことで常に叱られている子どもは「片付け、片付けって、そんなに大事？　片付けより友達やテレビのほうが大事」などと思うようになります。**片付けの価値をさげてプライドを守るのです。**

片付けが苦手なのは生まれ持った資質によるので、子どものうちに直すのは難しいです。大人になると本人の自覚で改善する可能性が高まります。親が叱ってまで必死になる必要はないのです。「ママと競争！」「5数えるうちにやってみよう」と**ポジティブな言葉の工夫で楽しく。**

勉強も同じ

勉強のことで叱り続けると「勉強なんて大事じゃない」と思うようになります。

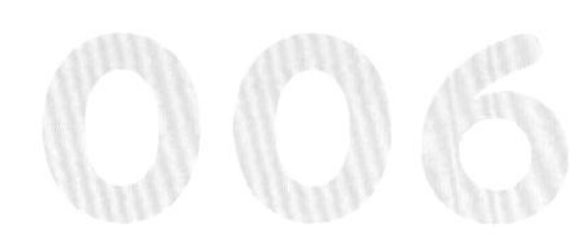

006

毎朝怒鳴って「起きなさい!」「早く支度して!」は怪我などの危険をともなうことも

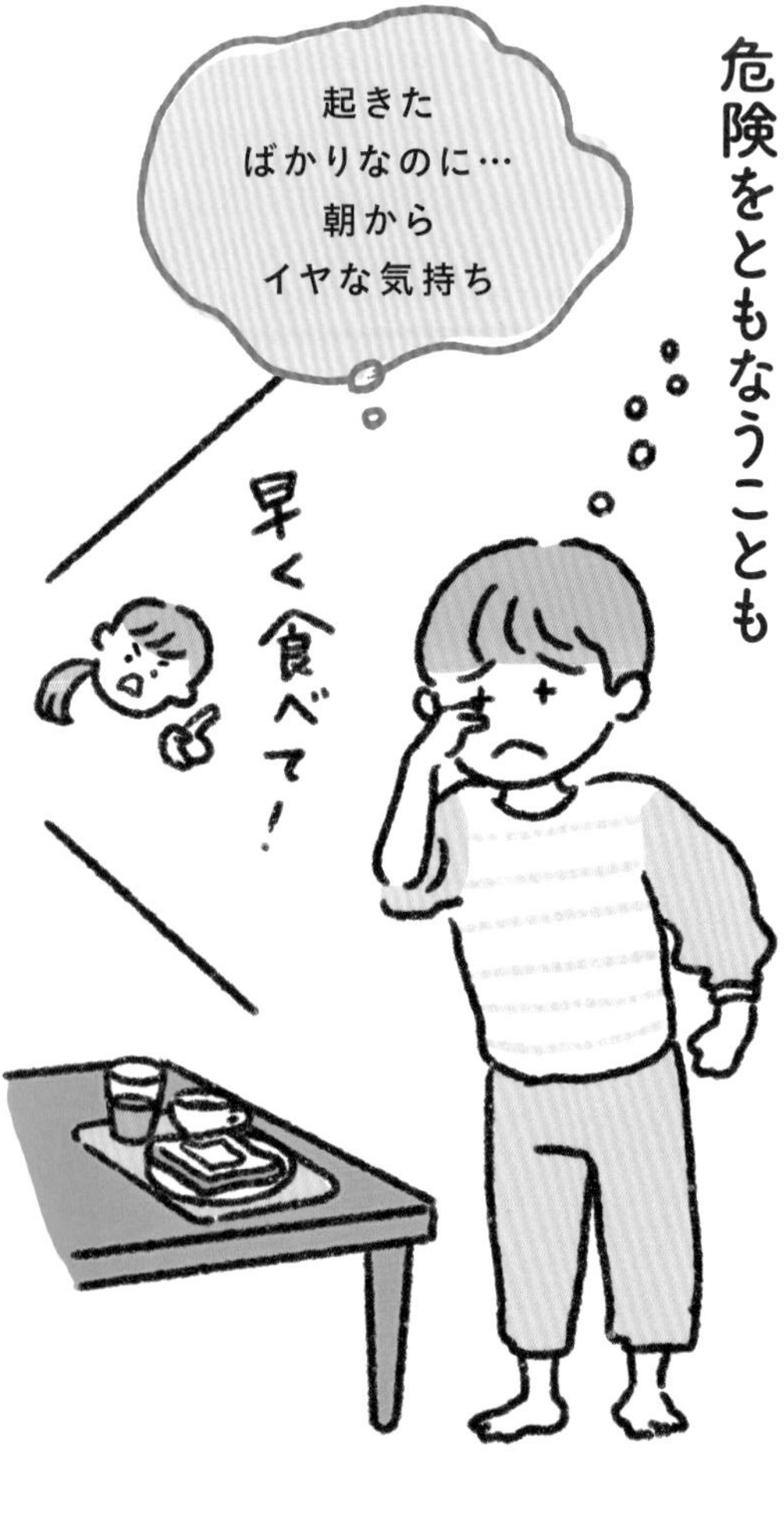

これも同じです

- 「もう何時だと思ってるの!」と責め立てる
- 朝から「ダメ」「いい加減にして」と否定する言葉を多くかける

朝の気持ちは一日引きずる。朝だけは叱らないと決めるのもいい

いくら叱っても
生まれながらに朝が苦手な子もいる

朝から叱られて暗い気持ちで家をでると、もやもやした気持ちを引きずりながら道を歩くことになります。うつむき加減になって視野が狭くなり、まわりがよく見えなくなります。登校時間は通勤ラッシュの時間でもあり、これは実は、大変危険なこと。

また、「何時だと思ってるの！　あと5分だよ」という急かし方も問題。子どもは「わかってる」と答えますが、本当はわかっていないのです。子どもは生活経験が少ないので、大人ほど時間の観念が発達していません。「あと5分」と言われても、その5分でどれだけのことができるのか、わかってないのです。これには「模擬時計（P154参照）」が有効。

イギリスの研究で朝型・夜型は遺伝子レベルで決まることが判明。遺伝子的に自分で起きられない子もいます。**朝弱い子は、「いい天気だよ。今日も元気にがんばろう」と明るく楽しく起こすと、親子関係が間違いなくよくなります。**

007

「早く寝なさい!」と叱り続けても

早く寝るようにはならない

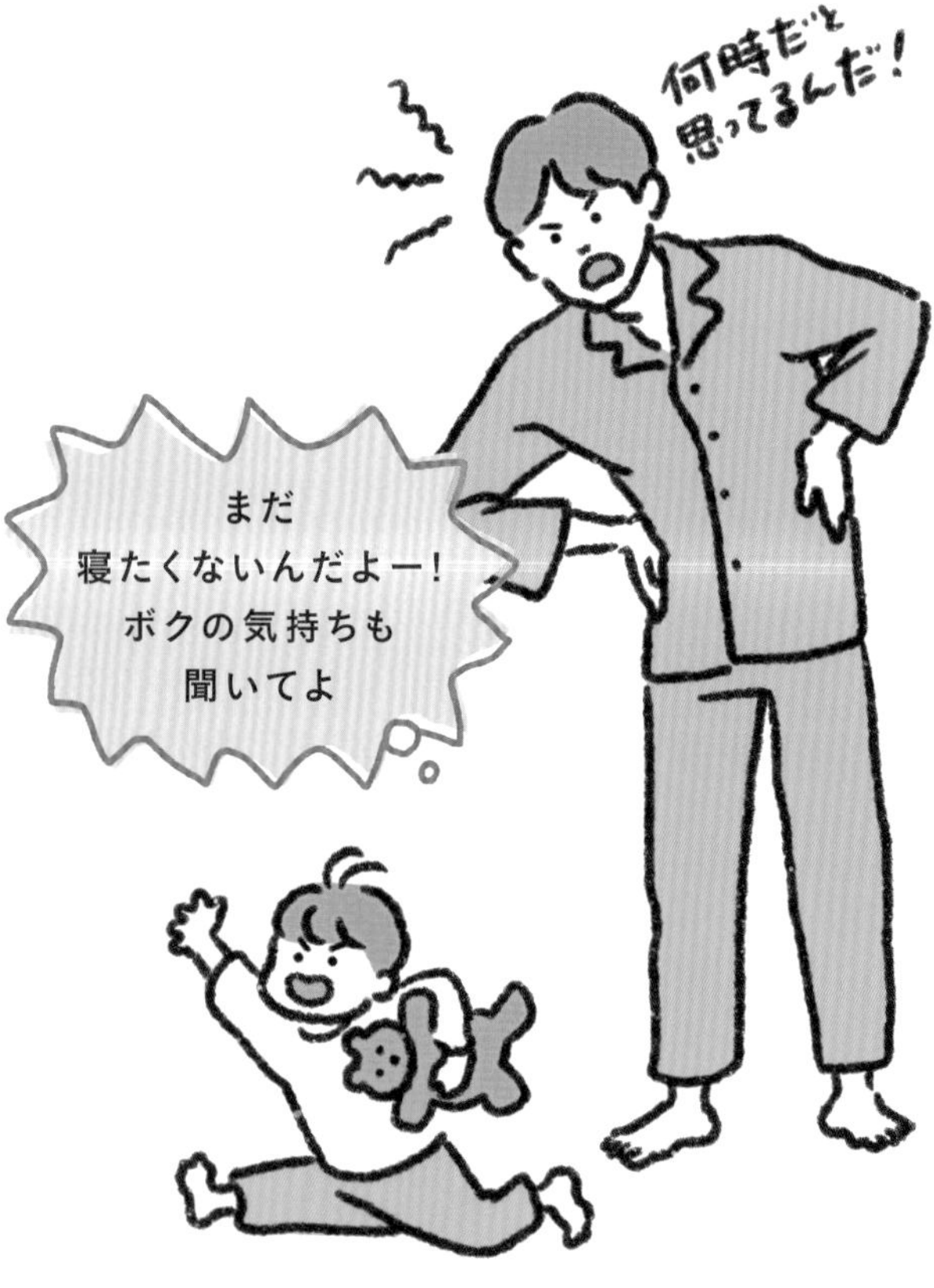

何時だと思ってるんだ!
まだ寝たくないんだよー! ボクの気持ちも聞いてよ

これも同じです

- 「早く寝て!」と何度も叱りつける
- 「も～早く寝て～」とため息をつく

「9時だから寝よう」に、子どもが「もうちょっと」と言える関係が丁度いい

親が一方的に指示するのではなく交渉に応じることで将来を切り開く力が身に付く

子どもが夜更かしして睡眠時間が少なくなったり、朝起きられなくなると心配です。それに、パパ・ママも夜はひとりの時間がほしいもの。「早く寝よう」と言って「もうちょっと！」と遊び続けている子どもを見ると、痺れを切らして叱ってしまうこともあるでしょう。

しかし、叱り続けて早く寝るようになったら注意。「叱られるから寝よう」「どうせ言ってもムダだ」と我慢して寝ている可能性が。交渉の余地のない親だと、子どもは無力感にとらわれます。交渉次第で願いがかなうことを知ることは、**「自分には夢をかなえる力がある」と知ることでもあります。**

ですから、子どもの交渉に応じて「何時に寝る？」と聞き、「この遊びが終わったら」などの要望を聞きます。そのうえで「その遊び楽しいよね！」と共感。「もう少ししてもいいよ。そのあと、ベッドで楽しいお話しようよ」と誘います。とにかく「寝る時間も楽しい」を優先。

008

マイペースな子に「早くして！」と言い続けると長所も消えてしまう

もお〜

ワタシ、
早くできなくて
ママを困らせて
ばかり

これも同じです

- 「なんであなたはそんなゆっくりなの?」
- 「あなたのせいでいつもギリギリなんだよ!」

マイペースな子は穏やかでやさしい。間に合わないなら親が手伝おう

子どもには子どものペースがある
家では子どものペースで
過ごさせてあげる余裕も必要

　マイペースな子は親のしつけに問題があるわけではなく、生まれつきの資質です。同じように育てているきょうだいでも、マイペースな子とせっかちな子がいるのがその証拠です。生まれつきのリズムはかんたんには変わりません。マイペースな子は穏やかでやさしいことが多いので、それでよしと思えば、親の気もラクになるはずです。

　大人も子どもも自分らしさを大事に、オリジナルペースで生きていれば、無理が生じず、心が満たされしあわせになります。ストレスが減り人にもやさしくなれます。「遅い！」と、生まれながらの資質を叱ってばかりいると、自信をなくし、長所も消えてしまいます。

間に合わないときは？

　手伝ったり、やってあげたりしてOKです。大人になればそれなりになんとかするから大丈夫です。「模擬時計（P154参照）」を試してみるのもよいでしょう。

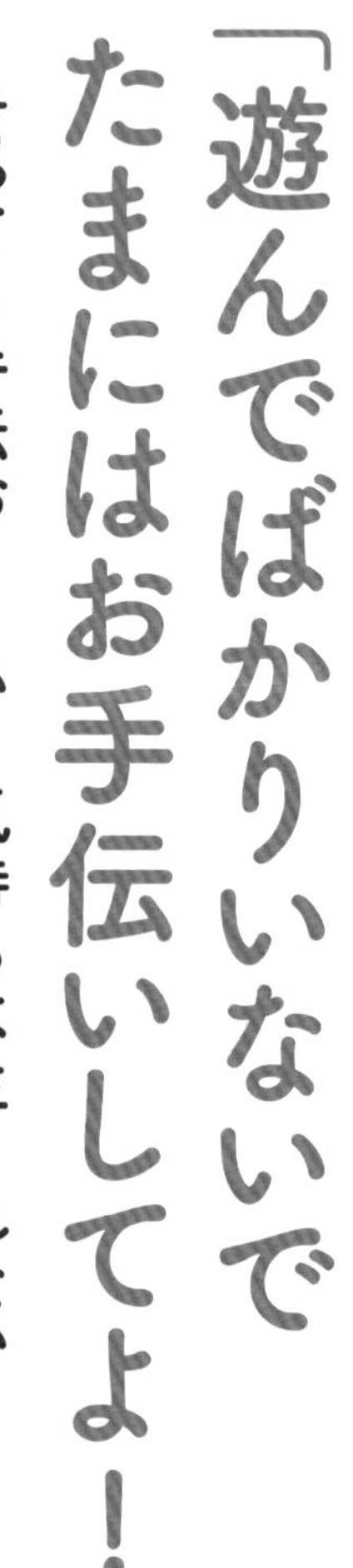

お手伝いをしない子にイライラして「遊んでばかりいないでたまにはお手伝いしてよ!」と言っても手伝おうという気持ちは生まれない

手伝いしても
しなくても怒られるなら
したくない

たまには
手伝いしてーーっ!

これも同じです

- 「〇〇ちゃんはお手伝いしてるんだって!
あなたは全然しないのにね」という嫌味を言う
- 「も〜お手伝いくらいしてくれてもいいじゃない」と小言を言う

お手伝いをしないのは、これまでのお手伝いに対するダメ出しが原因かも

お手伝いをしてもしなくても叱られると感じている子はお手伝いに消極的になる

親は子どもの自立のためにもお手伝いをやらせたいと思うものです。その気にさせるには上手にほめること。子どもが喜ぶのは「うれしい。ありがとう。助かるよ」などの感謝の言葉。**やってくれないときは、もうあきらめましょう。やらないことを責めるのは逆効果です。**

子どもがお手伝いをしない理由に「お手伝いをしても文句を言われる」と感じていることもあります。たとえば、掃除機をかけたときに「隅にゴミが残っているじゃない」と注意されたり、洗濯物をていねいにたたんでいるのに「ママがやったほうが早いじゃん」とグチグチ言われたりする経験があるなど。それでは、子どもは手伝おうという気持ちになれません。ほめるのが難しければなにも言わずに見守るほうがベター。

お手伝いすると100円はあり？

これはおすすめできません。弊害があります。P106を参考にしてください。

010

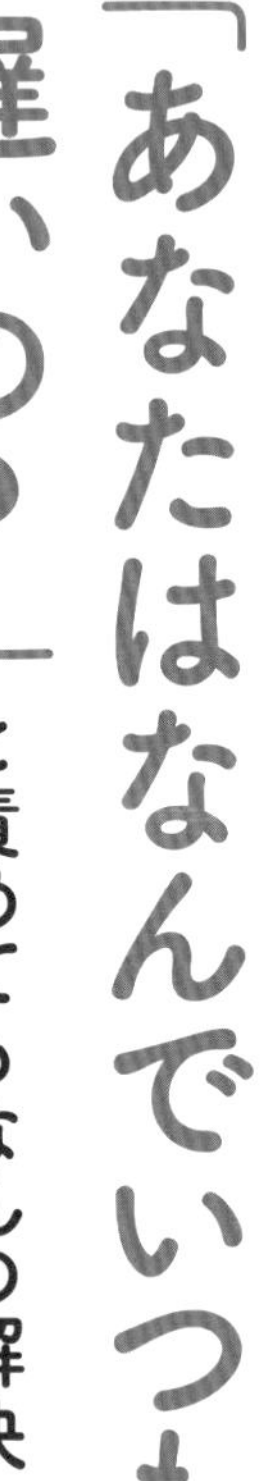

いつも帰りが遅くなる子に「あなたはなんでいつも遅いの？」と責めてもなんの解決にもならない

これも同じです

- 「あなたは約束を守れないダメな子ね」
- 「今度、帰りが遅くなったら夕飯抜きだからね！」

主語を「I」にして伝えることで子どもは素直に言葉を受け入れられる

非難の言葉をいくら浴びせてもなぜ叱られているのか子どもは理解できない

小学校に入ると、ひとりで公園に遊びに行くこともあるでしょう。遊びに夢中になって、なかなか帰ってこないと親は心配ですよね。そんなときに「なんで遅くなったの？」と責めても、**子どもは叱られたことだけが記憶に残り、本当に親が伝えたいことは伝わりません。**

ＹＯＵを主語にするユーメッセージでは相手をとがめる要素が入ってしまい、叱られていると感じるのです。そこでＩを主語にして気持ちを伝えるアイメッセージにしてみましょう。「帰りが遅いとママ（Ｉ）は心配だよ」と言われると、非難されていないので素直に聞くことができます。これだけで驚くほど親子関係はよくなります。

偽りのアイメッセージもある

「ママ（Ｉ）はあなたがいい子になることを望んでいる」という押し付けが入っていると意味がありません。これは偽りのアイメッセージといわれるものです。

011

忘れ物をよくする子に「なんで忘れるの？」と責めても忘れ物は減らない

また忘れてるーっ！

また忘れちゃったんだ…どうして忘れるんだろう？

これも同じです

- 「忘れ物ばかりしてあきれちゃう」
- 「もう忘れ物してもママ知らないからね」
- 「忘れ物はあなたのせい、あなたがしっかりしないから」

「忘れ物をなくしたい」というスイッチは親のサポートなくして入らない

忘れ物が多いのは、生まれつきの性格
まずは「自分はできる」と自信をつけてあげること

パパ・ママに絶対やってほしいのは、その日のうちに予定帳を見て、ちゃんと次の日の支度ができているか確認することです。これは月並みですが極めて効果的。もちろん、叱りながらでなく「明日はどんなことをするのかな～楽しみだね」など、親子の貴重なふれあいの時間として楽しみながらやってください。

そうして忘れ物がなくなると、子どもは親の愛情を感じますし、自信もついてきます。やり方がわかってくれば、少しずつ自分でできる部分も増えるでしょう。

「○年生なのに」と思うことがあるかもしれませんが、同学年でも個人差が大きいので、その子に応じたサポートを。

困れば自分で直すのでは？

「自分が困れば懲りて直すから放っておく」という人もいますが、こういう自業自得方式で直った子を見たことがありません。これで直るならとっくの昔に直っていたはずですから。

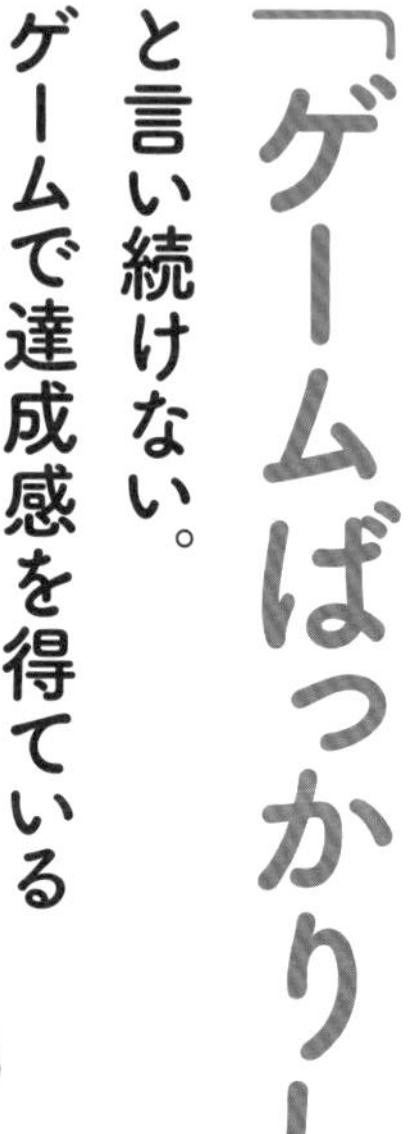

ゲームが大好きな子に「ゲームばっかりしないで!」と言い続けない。ゲームで達成感を得ている

これも同じです

- 「マンガばかり読んでないで勉強しなさい」
- 子どもの趣味に対して「それのどこがおもしろいの?」

親が思うほどゲーム＝悪ではない。夢中になれるものはあったほうがいい

子どもはゲームで自分なりに目標を持ったりストレス発散をしている

ゲーム好きの子は、ゲームの中で目標を持ちクリアし、達成感を味わうことで、**自己肯定感が高まります。**

親は、中毒や依存を心配して叱るのですが、子どもは自分の好きなことを否定されると孤独を感じます。依存症のリスクは孤独な状態で高まります。

大切なのはまず共感。「おもしろそう。ママにも教えてよ」とゲームをきっかけにコミュニケーションを深めましょう。

自分を理解してもらえてはじめて、子どもは親の「視力が心配だから○時間にしようね」という言葉にも耳を傾けられます。そこから親子が対等な「家庭内ルール（P196参照）」をつくりましょう。

でも、依存が気になる

東京大学大学院情報学環の藤本徹准教授によると「1日3時間、週21時間以下の範囲であれば日常生活に影響する依存の問題はでていないという調査結果がある」とのこと。目安にしてみては。

013

ジュース飲みたいんじゃなかったの!?

だってもう飲みたくないんだもん…

これも同じです

- 「さっきと言うことが違うじゃない！ うそつきね」
- 「コロコロ言うこと変えないで!」

子どもに有言実行は求めない。コロコロ変わるのが子ども本来の姿

「さっきはジュース飲みたかったけど、今はいらない。でもいらないって言ったらママは怒るな。言わないでおこう」なんて考えるのは子どもらしくありませんし、そうさせている親子関係は大問題。

公園に向かっている途中に「スーパーに行きたい」と言ったら、「さっきは公園って言ったじゃない！」と責めずに、「そうだね、行きたいね。明日行こう」と共感と肯定で返しましょう。「発言に責任を持たなくなる」と心配する親もいますが、心配ありません。成長していく過程で自然にわかっていきます。

子どもが意見を変えられるのは今の気持ちを正直に伝えられる親子の信頼の証

「ジュースほしい」と言うからあげたのに「やっぱりいらない」、「公園に行きたい」と言うから公園に向かったのに「スーパーに行きたい」。子どもは言うことがコロコロ変わります。**それは子どもが大人のように過去を引きずったり、未来を心配することなく、「今のこの瞬間」を全力で生きているから。だから子どもはかわいいのです。**

014

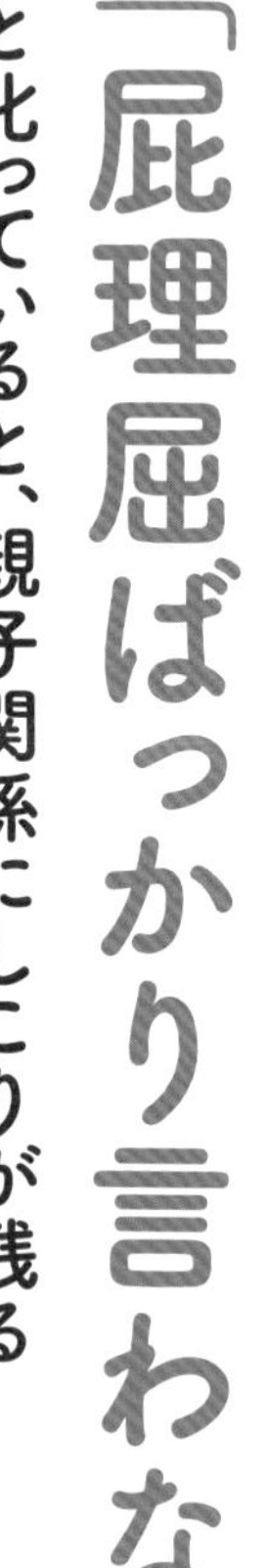

子どもの口ごたえに「屁理屈ばっかり言わない」と叱っていると、親子関係にしこりが残る

これも同じです

- 「なんでそんな言い方するの!」
- 「なんでそんなに反抗するの? 信じられない」

口ごたえは思考力が身に付いた証拠。命令口調は封印しよう

親子で屁理屈の応酬をしても お互い不愉快になるだけ 成長と喜べる余裕を

子どもが「お母さん、おやつ」と言ったので「お母さんはおやつじゃありません。『おやつちょうだい』と言いなさい」と返す。その直後、テーブルに肘をついて食べている子に「肘！　肘！」と言うと、「ワタシ、肘じゃないもん。肘がどうしたか言って」と返されてイライラして叱ってしまう。親あるあるですね。

小学校低学年に起こる「中間反抗期」は、口ごたえ、言い訳、揚げ足取りなどが多くなります。これは、理論的な思考力と表現力がついてきた証拠。また、**自分の主張をストレートにぶつけられるのは、自己肯定感が高く、親への信頼もあるということです。本来は喜ぶべきこと。**

でも、親も人間。イライラします。ただ、感情的に「屁理屈ばっかり！　なにやっても中途半端なくせに」と人格否定するのはNG。親の愛情を疑うようになりますし、子どもをヒートアップさせ中間反抗期が悪化する可能性も。**命令よりも依頼、否定よりも共感が大切。**

「何度同じこと言わせるの？」

とイライラしても、何度でも言わなくてはいけない。
余計にストレスになるだけ

何回も言わせないでっ

またママ
怒ってる！

これも
同じです

- 「何回も言わせないで！」と責める
- 「もう言わないからね！」と子どもを脅す

子育てとは何万回も同じことを言う生活。誰がやってもそうなる。割り切って

何万回も言うなら否定的な言葉よりも肯定的な言葉でそのほうが親もストレスが少ない

親は「何回同じこと言わせるの！」と叱ります。が、同じ人が「今日からダイエットするぞ」など、自分自身には何回も同じことを言っています。それでも、なかなかできないのが人間。ですから、子どもにも何回も言ってあげましょう。「○○しなきゃダメ。何度言ったらできるの！」と言わずに、何度でも同じことを言ってあげてください。そもそも**子育てというものは、誰がやっても同じことを何万回も言い続ける生活です**。どうせ言うなら、否定的に責める言い方でなく、肯定的に言ってあげましょう（P198参照）。否定的な言い方だと子どもは言われる度にイヤな思いをします。肯定的な言い方なら言われる度に親の愛情を感じます。ですから、「**毎日同じ時間に同じことを言ってあげる**」と決意しましょう。「そんなことをしていると自立できないのでは？」と考える必要ありません。自己肯定感を大切にしてあげれば、やがてちゃんと自立します。

　親野の子育て応援メッセージ　人を伸ばすコツは、短所や決定に目をつぶることです

016

元気に大騒ぎしている子に「静かにしなさい！」と制御しすぎると、かえって感情コントロールができないようになる

これも同じです

- 「ちょっと黙りなさい！」と強く子どもを制止する
- 注意しても静かにならない子を叩いて静かにさせる

騒ぐ＝感情のコントロールを学んでいると前向きにとらえよう

自己発散を制止しすぎると怒りっぽい子どもになってしまう

子どもが思い切りふざけて大騒ぎすると、そのあとに自然に静かな時間がやってくるもの。実は**このとき、子どもの脳内でよいことが起きています。**大騒ぎしているとき脳の扁桃体（へんとうたい）という感情を司る部位が活発にはたらいています。この扁桃体に前頭前野が抑制をかけることで、興奮状態がおさまります。この切り替えの経験をたくさんすることで前頭前野が扁桃体を抑制する力がつき、怒りの感情も管理できるようになります。

反対にふざけたり大騒ぎしたりするのを常に抑えつけていると、前頭前野が扁桃体を抑制する力がつきません。ふざけたり、はしゃいだりするのを抑えつけられて育った子に多いのですが、**怒りなどの感情も抑制できないまま成長するため、キレやすくなります。**家や公園など騒いでいい場所では、できるだけ発散させましょう。休みの日はキャンプなど、子どもが騒いでも気にならない場所に行って、家族みんなでストレス発散を。

「お兄(姉)ちゃんなんだからしっかりして」は

子どもが愛されていないと感じてしまう

これも同じです

- 「お姉ちゃんなんだから手本になって」
- 「お兄ちゃんなんだからちょっと我慢しなさい」
- きょうだいゲンカで理由も聞かずに上の子を叱る

「お兄ちゃんなんだから」ではなく「お兄ちゃんって大変だよね」と共感を

親が考える公平と子どもが考える公平の間には大きなギャップがあることが多い

親は子どもたちに公平に接しているつもりですが、どうしても下の子に手がかかって、上の子に我慢させてしまう場面があります。それが、上の子にしてみると納得できないことも。

ただでさえそういう状況なのに「お兄ちゃんでしょ」「なんで妹にやさしくできないの」などと言われると、「自分は大切にされていない」「好きで先に生まれたんじゃない」と感じてしまいます。

大切なのは、お兄ちゃん・お姉ちゃんらしさを求めるのではなく、「きょうだいみんな大切だよ」ということを伝えること。ケンカのときも、上の子の言い分もたっぷりと聞いてあげてください。

そして、「お姉（兄）ちゃんって大変だよね」と共感してあげてください。また、親自身が長子なら、「ママもお姉ちゃんだったから、あなたの気持ちわかるよ」と、自分の体験談を話すのもよいですね。**気持ちが満たされれば、妹や弟にもやさしくできます。**

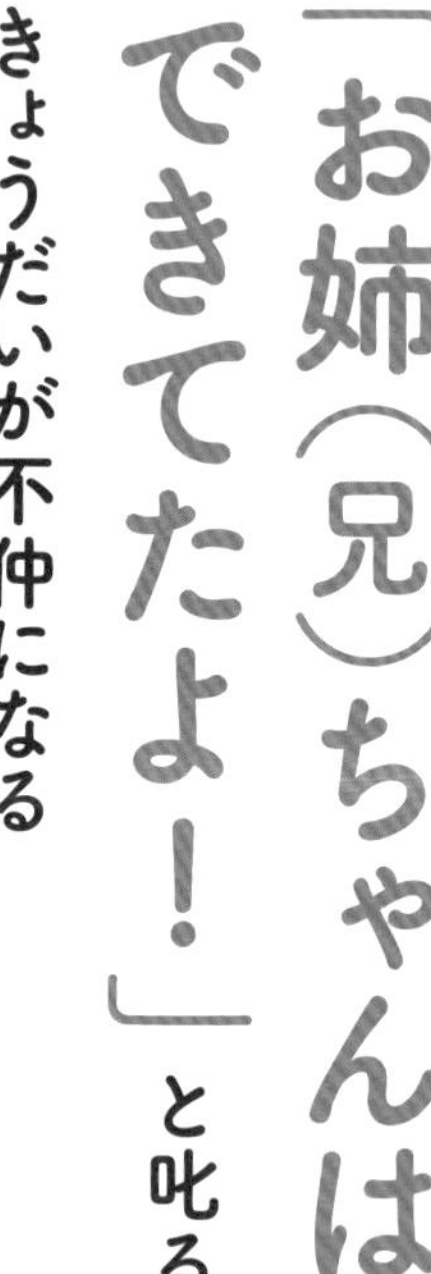

きょうだいを比べて「お姉(兄)ちゃんはできてたよ!」と叱ると、きょうだいが不仲になる

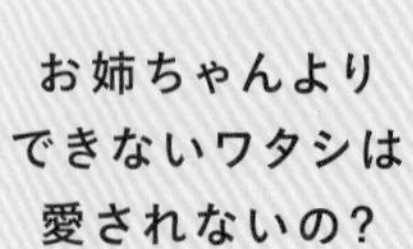

これも同じです

- 「お姉ちゃんを見習いなさい」
- 「お兄ちゃんはあなたの年齢では掛け算できてたよ」

きょうだいでもみんな違うのが当たり前。心の中で比べても口にはださないで

同じ親の子どもでもその子その子に生まれながらのペースがある

「お兄ちゃんは1年生のときには◯◯ができてたよ」などの言葉は、親が下の子にはっぱをかけるとき使う手ですが、これは子どもの自信喪失につながります。きょうだい不仲になる可能性もあります。

長年、小学校の教壇に立った経験から言えるのは同じ親から生まれたきょうだいでも、得意なことや不得意なことは違うということ。これは、**誰のせいでもなく、生まれながらの資質によるものです。**だから比べても意味がないし、その言葉で子どもが奮い立つこともありません。

いつも比べて叱られている子は親に愛されていないと感じ、「どうせ自分なんて」と劣等感を抱くようになります。将来も否定的に考えてしまいます。

比べてほめるのはいい？

よくありません。「お兄ちゃんはだらしないけど、弟のあなたはしっかりしているね」などとほめるのは、相手をさげすむ可能性が高まります。

子どもが「うん」と言うまで「わかったの??」と聞いても子どもはわかっていない

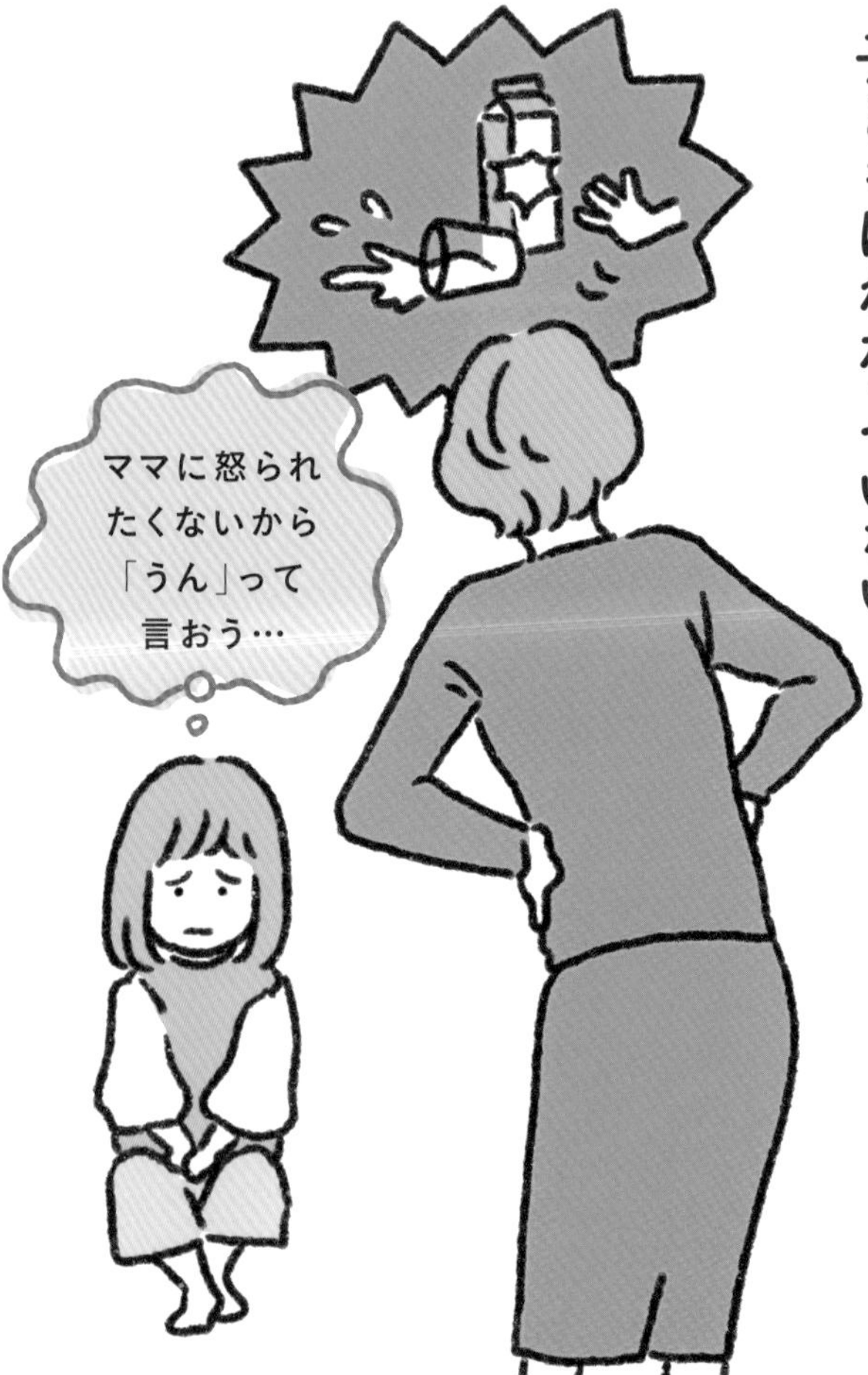

これも同じです

- 「わかってないなら、わかってないって言いなさい」と責め立てる

返事を押し付けるのではなくそうなった理由を一緒に考えよう

子どもは叱られたくないから親に合わせて返事をしているだけ理解していないから繰り返す

よくジュースをこぼす子に「こぼさないでって言ってるでしょ！　わかったの？」と叱り、子どもが返事をしないと、子どもが「わかった」と言うまで「わかってるの？」と繰り返す親がいます。しかし、それで「わかった」と返事した子どもは**本当に理解して言っているのではなく、「叱られるのがイヤだから」返事して**いるにすぎません。理解していないから、また同じことを繰り返します。これでは親のほうもいたずらに消耗するだけ。

こういったときは「なんでこぼれたか考えてみよう」と子どもに投げかけ、「よそ見したからかな」「一気に飲んじゃったからかな」と一緒に理由を考えてみましょう。そのほうが次につながります。

そんな時間がない

急かすと、子どもは焦って余計こぼします。逆に「ゆっくりでいいよ」と言ってあげると、気持ちが落ち着いてこぼさなくなることもあります。

子どもが「買って買って！」と駄々をこねたとき「ダメ！ 買わない！」と頭ごなしに叱ると、子どももあきらめがつかずに逆効果

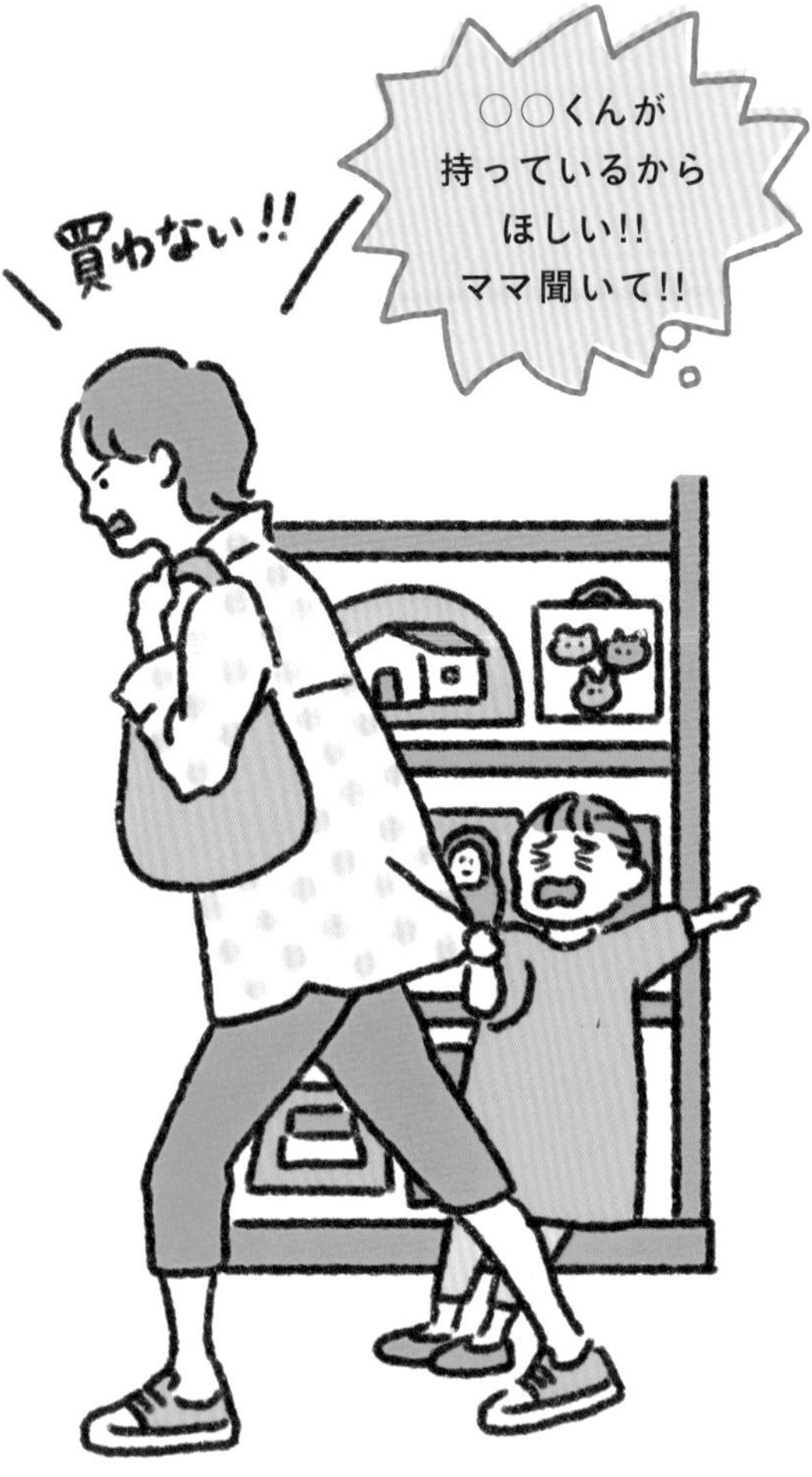

これも
同じです

- 「買ってもすぐ飽きるじゃん！ もう行くよ」と子どもを置いていこうとする
- 「買わないって約束したでしょ」と一方的に遮る

子どものほしいものから離れ、座って同じ目線で共感的に話を聞こう

気持ちをわかってもらえないとお互いが思うから修羅場になるだから まず、子どもの気持ちを知る

「買って買って！」と駄々をこねられたときは、「こっちでお話し聞かせて」とその場を離れましょう。ほしいものが目の前にあると子どもは気持ちの切り替えができません。次に、「どうしたの？」**と聞きます。このとき座って子どもと同じ目の高さになることがとても大事。**そして共感的に話を聞きます。「○○くんが持ってるから」と子どもが言ったら「そうだね、お友達が持っているとほしいよね」などと、共感的にたっぷり子どもの話を聞きます。そして最後に「でも、この前△△を買ったばかりだから、今日は我慢しよう」と言います。

すると、**子どもも、一応は自分の気持ちをわかってもらえたので、あきらめがつきやすくなります。**100％あきらめてくれるとは限りませんが、少なくともお互い感情的になって修羅場を演じることはなくなります。最後に「じゃあ、帰りに電車を見に行こうか」など、子どもの気持ちを別のところにそらすと効果的です。

泣き止まない子に「泣かないで！」と言うのは酷。子どもは泣くことでストレスを発散している

これも同じです

- 「男の子なんだからそんなことで泣かないよ」
- 「泣いてばかりいたら、みんなに笑われちゃうよ」

泣くことは感情を整理すること。泣いて負の感情を浄化させよう

心にマイナスの感情を溜め込まないで開け放った部屋のように風通しをよくしておいたほうがいい

子どもが泣きだしたとき、「それくらいで泣かないよ」などと、すぐに止めにかかる親がいます。泣く子にイライラして叱る親もいます。これだと、子どもは自分の素直な感情を表現しないまま、抑圧しなければなりません。**子どもは泣くことで痛い、怖い、イヤだ、つらい、悔しい、悲しいといったさまざまな感情を表現し、その感情を解放しています。**

押さえ込まれた負の感情は、消えることなく心のなかに残り、大きなストレスとなって自己否定、人間不信、自分や他者への攻撃などの原因になることも。

子どもが泣いたときは「痛かったね」「悔しかったね」と寄り添い、感情を解放できるようにしてあげてください。

親としては、言葉で伝えてほしいと思うかもしれませんが、泣くなどの自己表現をする段階があって、その次が言葉による自己表現です。今の自分のやり方での自己表現が、子どもの発達にとって大事なのです。

「黙ってちゃわからないでしょ!」と問い詰めるのは、

親の自己満足。子どもは黙るしかないから黙っている

これも同じです

- 「言わないとわからないから言いなさい!」
- 「怒らないから言って!」と言ったのに、理由を聞いたあと叱る

叱りたくて叱っている自分に気づき数分でいいから子どもと物理的に離れて

頭に血がのぼった親ほど子どもにとって理不尽なものはない

親は子どもに「なんでやらないの！」と問い詰めます。子どもが黙っていると「黙ってちゃわからない」と言い、子どもが「だって」と答えると「だってじゃない」と責めます。『なんで』への答えは『だって』で合っているよ」と突っ込みたくなります。

気づいてほしいのは親が感情的に子どもを問い詰めるときは、理由を聞いて理解したいわけではないということ。普通に叱るだけでは物足りなくなり、相手を窮地に追い込み、気を晴らしたい気持ちが無意識にはたらいているのです。

怒りがおさまらないときは、子どもと物理的に離れることも大事。別の部屋に行く、外の空気を吸う、トイレにこもるなど、冷静になれる環境をつくって。

問い詰めすぎてしまったら？

早く謝ったほうがいいです。「言い方がひどかった。ごめん」と言えば子どもも安心します。「あなたも悪い」はＮＧ。

 親野の子育て応援メッセージ 結果をだすのは自分ではなく子どもという他者

023

子どもの「ママ嫌い！」に「そんなこと言う子はママも嫌い」と返すと、子どもを深く傷つける

これも同じです

- 「パパムカつく!」に対して「そんなこと言う子は知らない」と叱る

子どもの「ママ嫌い」はSOS。日頃の子どもとの関わりを見直そう

子どもは「もっと自分をわかってほしい」と言えなくて「ママ嫌い」と言ってしまう

子どもに「嫌い」と言われると、親だってショックを受けますよね。しかし、感情的になってはいけません。ましては「ママも嫌い」は絶対にNG。**「嫌い」というのは、全人格を否定する言葉。**自己肯定感がボロボロになってしまいます。

子どもは無条件で親のことが大好きですが、3歳くらいで自我が芽生え、親のイヤな部分が見えてくるようになると「ママ嫌い」「パパイヤだ」という発言も増えます。

「ママ嫌い」**は本当に嫌いなのではなく、子どものSOSです。**本当に言いたいのは、「もっと自分のことをわかって」「もっと受け入れて」ということです。ですから、日頃から共感的に話を聞くようにしてあげてください。どうしても「ノー」と言わなければならないときも、共感的にたっぷり話を聞いてあげてから最後に言うようにしましょう。「イエス・イエス・バット」の順です。P172で詳しく解説しているので、参考にしてください。

024

イライラにまかせて「悪いところがパパそっくり！」という言葉で、子どもは自分を好きになれなくなってしまう

パパの子だから
片付けができない
のか…

これも同じです

- 体育の成績で落ち込んでいる子に「パパに似て運動ができないんだね」
- ため息をつきながら「飽きっぽいのはわたしに似たのかな」

子どもに注意するのに親を引き合いにだす必要はまったくない！

子どもが夫に似ていてイヤだと感じるところはそもそも夫の不満に思っているところ

日頃から「いつもダラダラしているところがパパにそっくり」「わたしに似て勉強ができないね」などと親を引き合いにしてネガティブなことを言われ続けている子は、この先うまくいかないことがあったときも「親のせいだ」と思うようになります。親を恨むようになり、**自分を好きになりたいのに「父親に似ている自分が許せない」と思うことも。**

冒頭の言葉は、元を正せば日頃からダラダラしている夫に不満に思っているあらわれ。そうなってほしくないから注意しているのかもしれませんが、「パパに似て」は絶対NG。それに、親を引き合いにだす・ださない以前に、そもそもネガティブなことを子どもに言うこと自体やめたほうがいいと思います。

容姿はもっとNG

「パパに似て目が細いね。ママに似ればよかった」なども禁句。容姿は変えられません。コンプレックスにつながります。

025

子どものマナーに対して「そんなこともできないの、恥ずかしい！」は親への不信感を招く

これも同じです

- 「子どものうちにマナーを覚えさせないと」と厳しくしつける
- 保育園や幼稚園、小学校で覚えてきた言葉遣いをいちいち注意する

マナーを教えようとするのはストレス！モデリング効果で間接的に教えよう

子どもは言うことを聞かないけれどすることはすぐ真似るこれは本当にそのとおり

食事のマナーが悪い、下品な言葉遣いをする、挨拶ができないなどを心配する親は多いです。でも、**親子関係がよくて親が常識的なマナーを身に付けていれば、モデリング効果がはたらいて、子どもも同程度にはできるようになるので心配いりません。**モデリング効果とは、人の行動や態度を見て無意識に同じものを身に付けること。親子関係がよいと大好きな親の行動を真似する度合いが高いです。

これはよくないことも同じ。レストランの店員に横柄な態度をとる親を見れば、そうしていいと学びます。

マナーばかりに目がいくと親もストレスになり「恥ずかしい」と叱ってしまいます。それでは子どもの自己肯定感に影響するので、**普段の生活のなかで親がお手本を見せるほうがよいでしょう。**

子どもに本を読ませたいなら親が楽しそうに本を読んでいる姿を見せる、他人に親切な子に育ってほしいなら親が電車のなかで席を譲る、などです。

026

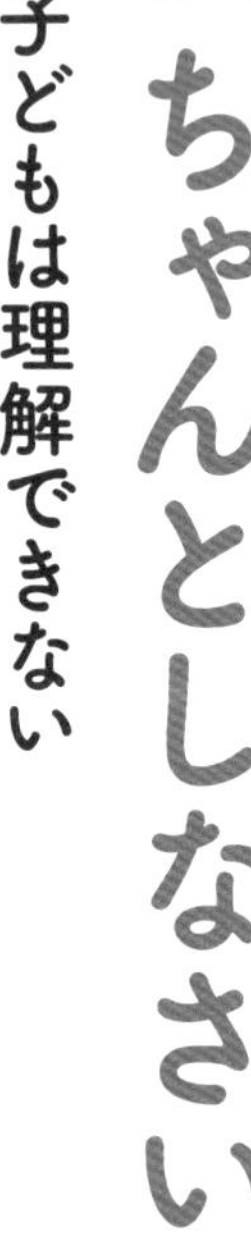

「ちゃんとしなさい」のちゃんとを子どもは理解できない

「ちゃんと」って
よくわからないや。
楽しい〜〜！

ちゃんとして

イェーイっ！

これも
同じです

- 「しっかりして」
- 「きちんとして」

「ちゃんと」は曖昧すぎる。できるだけ具体的に〝会話で〟説明しよう

**感情的に叱ると長引く
ひとりの人間同士として
話したほうが早い**

外食中に子どもが大声でふざけてしまったとき、「ちゃんとして」と言いがちですが、子どもには「ちゃんとして」の「ちゃんと」がよくわかりません。それに「ちゃんと」の基準は親にしかなく、**正解がわかりにくいのです。**

次のような会話ができるとよいでしょう。「ここはどこ？」『レストラン』「そうだよね。どんな人がいる？」『いろんな人がいる』「そうだね。お年寄りもいるね」『うん』「大きな声をだすと、お話が聞こえなくなっちゃうかも」『それは困るね』「そうだね。だからレストランでは、ちょっと声のボリュームを落とそうね」『うん』「ありがとう。じゃあ、デザートがくるまで、ママと一緒にメニューを見て、おもしろいもの探そうか」

親とこういった会話をよくしている子どもは、想像力に長け、判断力も身に付きます。ちなみに、「しっかりして」の「しっかり」、「きちんとして」の「きちんと」も同様です。

027

休日に家で「ダラダラしてばかり」と叱っていると友達とトラブルを起こしやすくなる!?

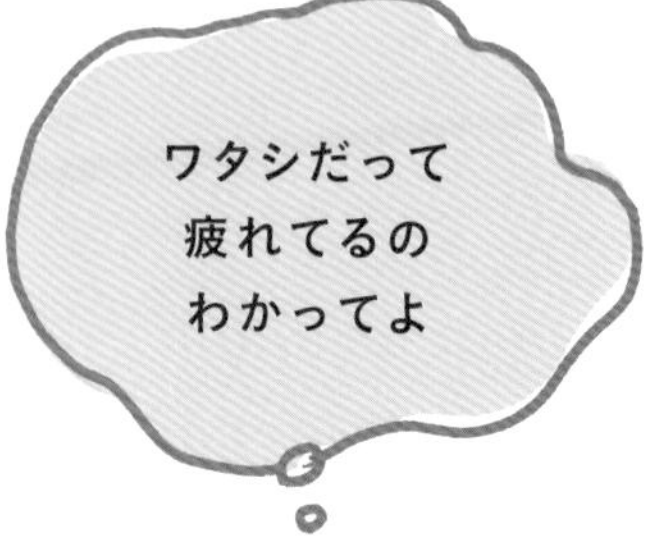

これも同じです

- 「休みの日くらいママを手伝って!」
- 休日に習い事などスケジュールを詰め込む

家でダラダラするのは、とても健全なこと。親も見習ってダラダラしてみよう

子どもも疲れている
家でも追い立てると
元気の回復ができない

面談で「お子さん学校でがんばっていますよ」と言うと、親から「家ではダラダラして困る」という反応が返ってくることがほとんどです。でも、**家でダラダラするのは極めて健全なことです。**

学校や保育園、幼稚園は疲れます。学校や園が好きな子でも疲れます。嫌いな子だとなおさら。**帰宅後に家でダラダラするのは当たり前です。家でしっかり心と体の疲れを回復できてはじめて外でがんばることができるのです。**

休日にのんびりしている子は、休み方を知っている賢い子ともいえます。休日とは休む日のことですから。見習って親ものんびりしましょう。

家で心のチャージができないと？

家でリラックスできてない子どもは、ストレスが溜まり、外の生活をがんばれない、友達とトラブルを起こしやすいという傾向があります。親は家で子どもにガミガミ言いすぎないことが大切です。

028

「帰りたくない！」という子に「もう知らない！ママ帰るよ！」と叱るより お互い気持ちよく解決する方法がある

これも同じです

- 「言うこと聞かないと置いてくよ!」
- 「もう連れてこないからね!」

「ママ帰るよ！」「置いてくよ」より「あと2回やったら帰ろう」

**楽しい遊びのあとだから
お互いにイヤな気持ちになるより
気持ちよく帰れたほうがいい**

友達の家や公園でいつまでも遊んでいる子に「帰るよ」と言って「イヤだ！まだ遊ぶ」となったとき。「そんなこと言うともう連れてこないよ！」「もうママ帰るからね」と言ってしまうことがあります。それで「うん」と言っても、子どもは納得したわけではなく置いていかれるのがイヤなだけで、気持ちは消化不良のままです。そんなときはそうだね、遊びたいよね」「じゃあ、あと2回遊んだら帰ろうか」と、子どもの希望を少しかなえてあげると、子どもも納得しやすくなります。**時間がかかるようで、こっちのほうが早く帰れることもあります。**

あるいは帰るハードルをさげる方法もあります。「だんだん帰るよ」「そろそろ帰る準備しようか」などです。ハードルをさげることで、子どもは「それくらいなら」と聞き入れやすいです。それが心の準備となって「じゃあ、帰ろう」と言ったときにすんなり受け入れてくれることも多いです。

コラム1

「自己肯定感」が低いと？

最新の児童心理学、教育心理学、児童精神医学などの分野において、子どものころにまず大切に育てるべきものとして多くの専門家があげる「自己肯定感」。自己肯定感が高いこと、低いことでどのような差が生まれるのでしょうか。

自己肯定感とは、文字どおり「ありのままの自分を受け入れて、肯定できる感覚」のことです。この自己肯定感が高いと、自分と他者を比較することがなく、「自分自身はかけがいのない素晴らしい存在である」とポジティブにとらえることができます。

私は公立小学校の教師として23年間教壇に立ち、担任として650人の子どもを受け持ちました。公立なので、いろいろな子どもがいました。食後の歯磨きが当たり前にできる子とそうでない子、挨拶ができる子とできない子……実にさまざま。そんな子どもたちと毎日一緒に過ごしていて、「将来が心配だ」と思わせる子は、歯磨きができない子でも、挨拶ができない子でもありません。歯磨きや挨拶がしっかりできても、自己肯定感が持てないでいる子でした。

✤「どうせ自分なんて」という気持ちが強く、自分の存在自体に自信が持てない
✤他人と自分を比べ、自分のダメなところばかりを見つけて劣等感を抱く
✤自分で自分を認めることができないので、周囲からよい評価を得ることで安心する。そのため、自分の意見や考えを言うことができない
✤失敗すると「親に嫌われる」「友達に笑われる」などの思い込みが強く、失敗を常に恐れる。新しいことにチャレンジすることができない

こういった自己肯定感の低い子どもは、親が「幼いうちにしつけをしなくては」「人に迷惑をかけない子に育てなければ」と強く思うあまり、厳しく叱られ続け、否定されてきた傾向が強いです。

自己肯定感が高ければ、たとえ今は挨拶ができない子でも、挨拶の大切さを説明して、少しでもできたことを認めていけば、だんだんできるようになっていきます。歯磨きなどの習慣や、食事のマナーも同じ。ですから、しつけやマナーを優先せず、まずは自己肯定感を高めることをいちばんに考えてほしいと思います。

コラム2

イライラが減る 性格ポジティブ変換

片付けが苦手、時間を気にしない、飽きっぽいなどの性格は生まれつきであることが多いです。親はそれを短所ととらえ、どうにか直そうとしますが、かんたんには変えられず、イライラして叱ります。しかし、長所と短所はコインの表と裏。短所ばかりを気にして無理に直そうとすると、長所も消えてしまいます。

そこで「リフレーミング」をおすすめしたいと思います。私たちは一定のフレーム（枠組み）で人や物事を見ています。そのフレームを外し、別のフレームで見るのです。たとえば、子どもが宿題をやらずに遊んでいるのを見て「言っても言っても聞かなくて困る」と思ったら、「神経が図太いんだ」と思い直します。これを習慣化して「この子のユニークな長所を見つけよう」という気持ちで子どもを見れば、イライラが減り、叱る機会も減ります。

すると自然に親子関係がよくなり、よい循環がはじまります。例をあげます。

マイペースで急がない
⇦
穏やかで心がやさしい

変換

焦ったり急いだりしないのは、心にゆとりがあるということです。周囲の人を公平に受け入れることができるやさしい心を持っている子に多いです。間に合わなければ、親が手伝ってあげればOKです。

頑固でこだわりが強い
⇦
まわりに流されず自分の信念を貫くことができる

変換

一度言いだしたら意見を曲げない子は、自分が没頭できるものを見つけだせたら強い。芯が強く、粘り強い、あきらめない精神を持っているので、リーダーシップを発揮できる可能性が高いです。

いつも家でダラダラしている
⇦
切り替え上手で共感力が高い癒し系。寛容で包容力がある

変換

自分に甘いというのはネガティブにとらえがちですが、他人に甘くできる人でもあります。つまり、人に寛容な接し方ができる人。円滑な人間関係をつくるときにプラスにはたらきます。また、家でダラダラできている子は、オンとオフの切り替えが上手な子です。

図太いはずうずうしいというわけではなく、ちょっとのことではビクともしない性格ということです。ちいさなことで動揺せずに、普段だしている以上の力を発揮することができる可能性を秘めています。

変換

宿題をやらずに平気で遊べる
⇦
図太くて細かいことを気にしない

変換

イタズラ好き
⇦
行動力があり、アイデア豊富

子どもにとってイタズラは、好奇心からくる「探索行動」です。それが多い子ほど好奇心が旺盛。また、こういった子は行動に移す力と、自ら模索するアイデアが豊富です。思い切った行動にでることも多いので、安全面は注意してください。

自分が好きなことに熱中している子は、片付けには意欲が向かなくなります。ミネソタ大学のヴォース教授によると、創造的な人は片付けが苦手な傾向が強いとも。また、物を大切にして捨てられないのは、情に厚いということにもつながります。

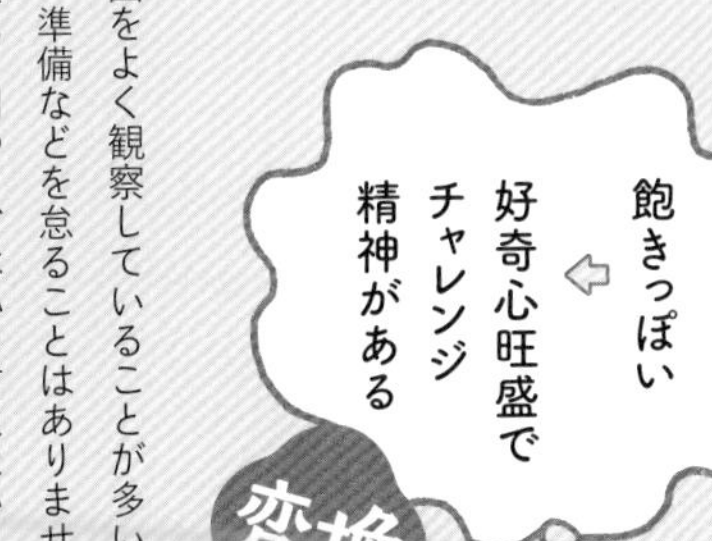

好奇心にあふれている子どもは、飽きっぽいです。新しいものに魅力を感じやすく、気持ちの切り替えが早いのが特徴です。フットワークが軽く、チャレンジ精神も旺盛です。

消極的で気がちいさい

⇦

慎重で堅実、思慮深い。よく準備するので失敗が少ない

変換

周囲をよく観察していることが多いです。また、慎重なので、準備などを怠ることはありません。こういった子は親の顔色を伺って、本心を言えないことも多いので、甘えてきたときはとことん甘えさせてあげるのがよいでしょう。

落ち着きがなくふざけてばかりいる

⇦

明るくて、ユーモアがある

変換

ふざけてばかりいる子は、明るく、ユーモアがあり、おもしろがるのが上手、盛り上げ上手でエネルギーがある子が多いです。将来ムードメーカー的な人気者になる可能性が高いです。

コラム3

「習い事」や「塾」の考え方

「子どものため」「教育のため」という親の思い込みで習い事や塾通いをさせて、子どもが犠牲になることがあります。ひとつ例を紹介します。

小学4年生の男子生徒にうつ病的な症状がでて、心療内科に行ったところ、嫌々行っているピアノ教室とサッカー教室が原因だとわかりました。ピアノ教室は母親の意向。母親は幼いころピアノを習いたかったけれど習わせてもらえませんでした。だから「子どもができたらピアノを習わせたい」と、3歳のときからピアノ教室に通わせていたそうです。サッカーは父親の意向によるもの。父親は子どものころからサッカーをやっていてインターハイ直前まで行ったそうです。「子どもができたらサッカーをやってほしい。そしてインターハイで自分の子どもを見たい」と思い、5歳のときからサッカー教室に通わせました。

しかし、ピアノもサッカーも彼自身がやりたいことではありませんでした。向いてもいなかったのでしょう。上達するはずもなく小学校中学年になるころから親やコーチ、先生に叱られることが多くなり、うつ病のような症状がでてきました。父親も母親も心療内科で指摘されてはじめて「嫌々だったこと」に気づいたそうです。

習い事を選ぶときに大事なことはいくつかあります。

✤親の意思よりも子どもの意思を尊重する

✤「将来役立つ」よりも「今、喜んで取り組めて楽しく充実した時間を過ごせる」ものを選ぶ

✤字が下手だから習字を、運動が苦手だから野球を、というような「苦手を克服するため」の習い事にはリスクがある

✤たくさん試すと好きなものに出合える可能性が高まるので、お試しでいろいろやってみる。10個辞めても、11個めにピッタリと合うものに出合えればよい

✤合わないものは辞めてOK。合うものに出合えば、子どもも続ける。「辞めグセ」というのは迷信なので気にしない

✤1週間の予定を習い事や塾でびっしり埋めると消化不良になる可能性がある。のんびりする時間も大切

子どもが好きなもの、向いていそうなものを見つけるには、日頃から子どもを観察しておく必要があります。いつもハサミで紙を切って楽しんでいる子なら工作教室、テレビを見ながら歌ったり踊ったりするのが好きならリトミック教室などを試してみるのもいいですね。

また、日頃やっていることでなくても興味関心を持ちそうなものなら、お試しでいろいろやってみましょう。「今度、児童科学館で『ロボット講座』があるんだって。あなた、ロボットとか機械が好きだから試しにやってみるのもいいかも」など。強制はよくありませんが、このような紹介・推薦はしたほうがよいです。観察しているだけではその子の可能性に気づくことができないからです。

塾通いや中学受験についてはしっかり子どもと話し合いを。実際、受験を機に親子関係の崩壊が進むことは多いです。「勉強するって約束したのにしないから、毎日怒鳴っている」「頭にきて叩いてしまった」などの例が多いです。中学受験を全否定するつもりはありませんが、小学校時代は人格形成のうえでも良好な親子関係を築くうえでも大切なときです。この時期に子どもの自己肯定感や他者信頼感をボロボロにすることは避けたほうがよいと思います。

親が「よかれと思って」言う言葉

人に迷惑をかけない子に育ってほしい、
自分のことが自分でできる子になってほしい、
よい学校に行ってよい仕事に就いてほしい、
親よりも出世してほしい、将来お金で苦労してほしくない、
勝ち組になってほしい……
親はみんなこういった願いを持っています。
しかし、願い＝欲であり、親子ともに苦しむ諸悪の根源でもあるのです。

「こうあってほしい」の基準は、常に親にあります。
願いが強い親ほど、言うことを聞かない子どもを叱ることが増えます。
叱られ続けた子どもは、こう感じるようになります。

「自分はダメな子なのかも」
「これができないと、パパ・ママに嫌われちゃうのかな」

これでは、自分らしい人生を歩んでいくことができません。

困ったもので、親は子どもの「ありのまま」よりも
勝手に一歩進んでしまうという習性があります。
この章では、我が子よりも進んでしまった親の言葉についてお話ししています。
勝手に進んだ分、一歩さがって、今あるありがたさを
噛み締めるきっかけになればうれしいです。
ときには親の欲をちょっと脇によけて、
「ありのまま」の我が子の素晴らしさを味わってみましょう。

「人に迷惑をかけてはいけません」と言いすぎると

困ったときも助けを求められなくなる

これも同じです

● 「まわりの人は困るでしょ」と人の目を気にした怒り方をする

人に迷惑をかけないでは生きられない。今こそ親の意識改革を

「迷惑」ばかり気にしすぎると叱る機会が必然的に増える結果、自己肯定感はさがっていく

日本人は「人に迷惑をかけないこと」を重視しすぎです。子育てにおいても「人に迷惑をかけない子に育てなければ」「自分のことは自分でやらせないと」という思いが強すぎる親が多いです。その結果、子どもを叱ることが多くなってしまっています。パパやママもそうやって育てられてきたので、それが当たり前になっているのです。しかし、「人に迷惑をかけるな」という減点主義な教えは、自己肯定感の低下につながります。日本人の自己肯定感が先進国で最下位である原因のひとつともいえます。

人に迷惑をかけずに生きていくのは、のは、どんな立派な大人でも無理です。それに、「人に迷惑をかけるな」と育てられた子は、どんなに困ったときでも人に助けを求められなくなります。

ですから、「困ったときは人にやってもらっていいいんだよ。他の人が困っていたらあなたも手伝ったりやってあげたりしてね」と教えましょう。

子どもに言い聞かせるとき「一回しか言わないよ」は効き目がないうえにいい結果を生まない

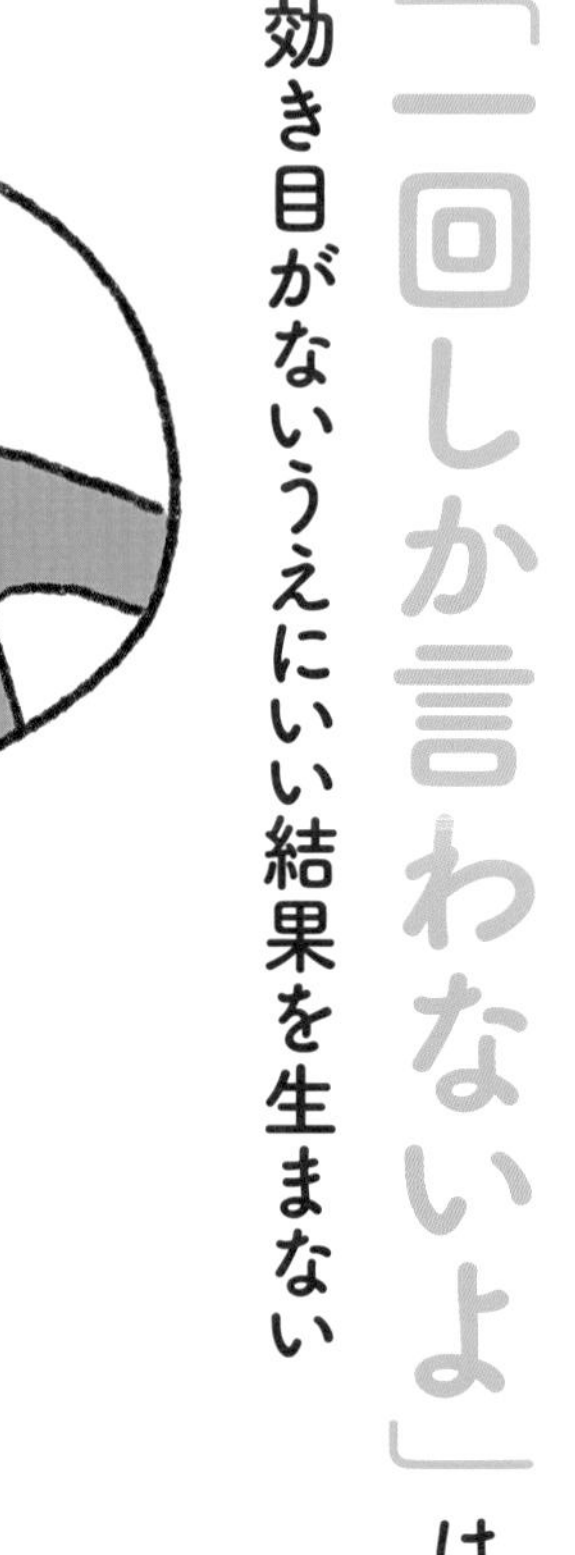

1回しか言わないよ!

もう聞いちゃいけないんだ…どうしよう

これも同じです

- 「二度と言わないからね!」
- 「同じことを言うのはママもううんざり」

そもそも「一回しか言わない」は無理。大切なことは何度でも言うのが正解

脅しにも聞こえる言葉で子どもはわからないことも聞けなくなる

「一回しか言わないよ」というのは、子どもに集中して聞いてほしいという気持ちのあらわれです。でも、多くの場合、子どもは一回では理解できません。結局、親は何回か言うことになり、「一回しか言わない」という宣言を自ら破ることになります。それで余計にイライラ。子どもは子どもで「一回」が脅しのように聞こえて不安になります。それに、「一回しか言わないって言ったし」ということで、わからなくても聞けない状況を生みだしてしまう可能性もあります。いずれにせよいい結果にはならないので、使わないほうがよい言葉。子どもには何度でもていねいに言ってあげてください。大切なことや複雑なことは何回も言ったほうがいいのです（P44参照）。

では、うまく伝えるには？

親がしゃがんで子どもと目の高さを合わせて穏やかな声で話しましょう。文字やイラストに書いて伝えるのも効果的。

「ママこれやって」という子に対して「自分でできるでしょ」は、自立を促していることにはならない

もう自分で
できるでしょ？

ママはなんでも
自分でやるボクしか
好きじゃないんだ

これも
同じです

- 「もう○年生だから自分でやりなさい」
- 「それくらい自分でできるようにならないといけないよ」

子どもが親を頼るのは、関係がよい証拠。やさしく応えてあげよう

「子どもが要求してきたことをいつまでも親がやってあげていると自立できない」という説は迷信

発達心理学者のお茶の水女子大学内田伸子名誉教授は、某幼稚園の年少組を研究しました。１組は、子どもが靴下を履けないとき叱るのではなく履かせてあげる先生。２組は「自分でやらなきゃダメ」と叱るだけで決してやってあげない先生。ふたつの組の子どもたちは、最初は自立度合いが同じでしたが、１年後には大きな違いがでました。

１組の子のほうが自分で着替えたり靴下が履けたりするようになったのです。理由のひとつは、叱られていないので高い自己肯定感を持てていたこと。もうひとつは先生のことが大好きになり、それが向上心に結びついたことです。これは親子関係でも同じです。

手伝うときのポイントは？

「これやって」に応えてやってあげるときは、「自分でやらなくちゃダメ」と叱りながらではなく、親子のふれあいを楽しみながらやってあげましょう。

遊んでいる最中の「片付けてから次の遊びをしなさい」は頭がよくなるチャンスを逃している!?

これも同じです

- 遊んでいる最中に「勉強しなさい!」
- 遊んでいるおもちゃを取り上げる
- 「遊んでばっかりいないで○○しなさい」

遊びに夢中のときはジャマしない。地頭をよくするチャンスと心得よう

子どもが好きなことをしているときは脳のシナプスが急増中

たとえば「ブロックやる前にパズル片付けて」と遊びの途中で片付けさせるのはやめてほしいと思います。

自分の好きなことに熱中しているとき、子どもは生きる喜びを味わっています。

脳科学によると、楽しみながら頭を使っているとき、脳のニューロンをつなぐシナプスが増えて地頭がよくなっているそうです。好きな遊びのなかでこそ理解力、思考力、記憶力、創造力が身に付き、結果、学校の勉強もできるようになります。

ですから、遊びを途中で遮るのはもったいない。再度立ち上げて同じ状態にするには時間とエネルギーが必要です。

片付けに目を向けすぎず、我が子の地頭がよくなるチャンスタイムととらえてみてください。筑波大学准教授の落合陽一さんは、子どもが遊びに夢中のときは食事時間であろうと、遊び続けさせるそう。天才は天才の育て方を知っています。

＊年下のきょうだいがいる場合、誤飲する可能性のあるちいさな物については、大人の責任でしっかり管理してください。

子どもにうそをつかれたとき「うそは許しません！」と大袈裟にとらえて叱ってしまうのは逆効果

うそつかないと
ママに怒られ
ちゃう…

うそを
つくなんて
とんでもない！
悪い子！

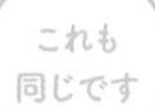

※「うそはつかないで！」と必要以上にうそをとがめる

※「うそつきな子は嫌い！」

子どもはうそをつく生きもの。うそは軽く流すほうがお互いのため

子どものうそは自分を守るため
あまり深刻に考えすぎると
親子関係が悪くなる

子どもは大人と違って問題を解決できるための経験も能力もありません。だから子どもはついついうそをついてしまうのです。洋の東西を問わず、子どもはうそをつく生きものです。パパもママも小さいときはうそをついていたはずです。

しかし、親は子どものうそが許せません。子どものうちに正直にしなくてはと思っているからです。ちいさなうそも謝るまで問い詰めたり、うそを暴こうしたり。しかし、こういった親のもとで育った子は、結果巧みにうそをつくようになるので、逆効果。自分を守るためについたうそを必要以上に責められると、親に対しても不信感を抱いてしまいます。

叱られるからうそをつく

うそをつくのは、本当のことを言うと叱られると感じているから。つまり日々の親子関係が大事。日頃から親が子どもに寛大で共感的な接し方をしていれば、子どももうそをつく必要がなくなります。

「人のせいにするのはずるいこと」と必要以上に責めてはいけない。

そうさせているのは親の言動かも

これも同じです

- 「人のせいにするなんて、立派な大人になれないよ」
- 「人のせいにするのは悪い子のやることだよ! そんな子はママ嫌い」

子どもが人のせいにするときは親が自分の言動を見直すとき

子どもが人のせいにするのは親が追い詰めているからまずは親の言い方を変えてみる

子どもはよく人のせいにします。子どもは大人の強権におびえていて、自分を守らなければいけないからです。つまり、**子どもが人のせいにしなくてはいけない状況をつくっているのは親なのです。**

たとえば子どもに「なんで宿題しないの！」と問いつめると、子どもは「だって」と言い訳をしようとします。しかし、続けるうまい理由が見つからない。そこで最もかんたんなのが、「だって、弟が……」などと、身近な人のせいにすることなのです。それを聞くと「責任逃れをしているこの子はずるい。ちいさいうちに直さないと、ロクな大人にならない」と、「宿題しないこと」にプラスして「人のせいにしたこと」にも叱ってしまいます。叱られることが増えると、子どもはまた自分を守るために人のせいにしてしまう……悪循環です。

日頃から子どもの困り事に共感して一緒に解決してあげれば、子どもは人のせいにする必要がなくなります。

子どもの愚痴に対して「そんなこと言わないの」は 正論の押し付けで共感ゼロ。親に本音を言いにくくなる

これも同じです

- 「愚痴ばっかり言ってると、イヤな大人になっちゃうよ」
- 「あなたがちゃんとしてないからでしょ」

大人の意見は言わなくてもいい。ただ子どもの気持ちに共感するだけでいい

愚痴に共感してもらえると、子どもは気持ちが安らいで素直になれます。どうしても励ましやアドバイスが必要なときは、最後に言いましょう。

子どもだって
ただ愚痴を言いたいときがある
そこに「しつけ」は不要

子どもの「悪くないのに叱られた。あの先生イヤ」に対して、「そんなこと言っちゃダメ」は正論の押し付けで共感がゼロ。子どもは「なにか言うと説教されるだけ」と感じます。「悪くないのに叱られるのはイヤだよね」と共感しましょう。「部活、ホント疲れる」「塾行きたくない」「宿題やる気でない」と言ったときも「大変だね。イヤになるよね」と共感して。

安易な同調や悪口はＮＧ

ただし、共感のつもりで「そうだよね。あの先生は話し方も変だし、ママも大嫌い」と言いすぎるのはＮＧ。これはもはや共感ではなく安易な同調。火に油を注ぐようなもので「ママもそう思うんだ。友達を誘ってシカトしてやろう」など、激しい気持ちになりかねません。

「国語100点とってすごいね！
次は算数もがんばろう」

というほめ方では、子どもはほめられたと感じない

これも同じです

・「歯磨きひとりでできてえらいね！ 次はお着替えもひとりでやってみて」
・「掃除してくれてありがとう。今度は洗濯物をたたんでね」

親の「もっと」の欲はぐっと我慢して、がんばったことだけをほめればいい

テストでいい点数がとれたことを、子どもは親にほめてほしいと思っています。余分なことを言わないで、ほめたままで終わったほうが子どもはうれしいのです。

そうすれば、子どもは自然に「次はもっとがんばろう」「今度はこれもがんばってみよう」と思うようになります。

勉強以外も同じ

「洗濯物を上手にたたためたね。今度は皿洗いもやってね」なども同じ。ただやってくれたことをほめればいいのに、親の欲がでている言い方になっています。

「次はもっと」という言い方では子どもは今の自分では不十分だと感じてしまう

ほめたあとでここぞとばかりにさらに求めるほめ方はやってはいけません。

たとえば、「国語をがんばったね」とほめたあとで、「もっとがんばれば、もっといい点がとれるよ」「次は算数もがんばろう」などと言うことです。子どもは「まだがんばりが足りていない」と言われていると感じ、当然うれしくありませんし、次への意欲にもつながりません。

国語10点、理科90点の子に「苦手なものを克服しよう」では子どもを伸ばすことはできない

今度は国語を
がんばろう!

ワタシは
理科をもっと
勉強したいのに

これも
同じです

- 体育が得意な子どもに「体育は将来役立たない! 算数をやりなさい」と言う

苦手なものは苦手でいい。これからの時代は得意を伸ばそう

苦手を克服することよりも得意を伸ばすほうに時間を割いたほうが子どもは伸びる

テストで国語が10点、理科が90点という子がいたら、理科を伸ばす応援をしたほうがいいです。親は国語をなんとかしたいと思うのですが、それが間違いのもと。先に伸ばせるところをどんどん伸ばすのが教育のコツなのです。

ひとつでも自信を持てる科目ができれば、それが大きな力となります。「理科の海外の書物を読みたいから英語を勉強してみよう」など、他の科目にもいい影響がでる可能性が。それに、これからの時代は、「苦手なものがないオールラウンダー」から「飛び抜けて得意なことがあるスペシャリスト」が求められる時代です。

さかなクンと対談した際、「魚を好きになったとき、お母さんが徹底的に応援してくれ、魚がいるありとあらゆるところに連れて行ってくれた」と聞きました。大体の親は子どもが好きなことを一応応援するけれど、徹底的に応援する親は少ない。子どもを天才にする親はここが違うと感じました。

宿題にとりかかるのに時間がかかる子に
「今やらないとあとで困るのはあなただよ」と言っても子どもは
具体的にイメージしづらい

知らないよー！
あとでっていつ？
どうして
困るんだろう？
？

これも同じです

- 「宿題を先にやって、ゲームはそのあとにしたら？」
- 「先に宿題を終わらせてしまったほうが、ラクじゃない？」

ランドセルの中身を全部だして子どもと一緒に宿題を並べよう

子どもは経験が少ない分
将来をイメージする能力が低い
具体的に伝えることが重要

宿題にとりかかれない子に「やらないと自分が困る」「あとで後悔する」と言っても、イメージがわかず伝わりにくいものです。

おすすめは、帰宅したらランドセルの中身を全部だして、とりあえず宿題を並べてみることです。これで宿題の体量や内容を把握でき、見通しを立てるのに役立ちます。すぐにやらなくてもいいので、とにかくだして並べておくのです。さらにできそうなら、「一問だけやってみようか」と一問だけ一緒にやってみるのもよいでしょう。書きとりなら一文字だけでＯＫ。少しだけやることで、見通しがつきます。**あらかじめ見通しがついていると、休憩や遊びのあとに本格的にとりかかるときのハードルがさがります**（Ｐ202参照）。

また、「先に宿題をやってから遊ぶ？　遊んでから宿題する？」と選択肢を提示して選ばせると、意思を尊重してもらったと感じ、やる気がでることがあります。

「なんで勉強しなくちゃいけないの？」に「将来のためだよ」という理屈を一生懸命話しても意味がない

今勉強しておくと
将来の選択肢が
広がるんだよ

ママの
言っていることが
わからない
今、勉強がわからなくて
つらいのに…

これも同じです

※「いい仕事に就くためだよ」などと、大人の視点で理屈を話す

言葉の裏に隠れた「勉強をしたくない」という気持ちを汲み取ろう

「なんで勉強しなくちゃいけないの？」は理由を聞きたいわけではなく別の気持ちが隠されている

ある幼稚園児の家におばあちゃんが遊びに来ました。おやつを食べ終わった途端、おばあちゃんに「いつ帰るの？」と聞きました。母親は慌てて「失礼でしょ」と言ったのですが、その子には「早く帰って」という気持ちはなく、おばあちゃんと一緒の楽しい時間がいつまで続いてくれるのか心配だったのです。おばあちゃんにはそれがわかったので、やさしく「今日はゆっくりできるよ」と言いました。その子は大喜びしました。

このように、子どもの言葉には、その裏に本当に言いたいことが隠れていることがあります。表面的な理解のまま対応すると、子どもも大人もいたずらに消耗します。「なんで勉強しなくちゃいけないの？」には、「勉強がよくわからない。おもしろくない。助けて」という気持ちが隠れています。つらい状況をよく理解してあげて、救いの手をさしのべることが最優先。P202もぜひ参考にしてみてください。

#「宿題したら100円」などのご褒美作戦は即効性はあるが、物事の価値観に悪い影響を与える

これも同じです

- 「宿題したらおもちゃ買ってあげるね」
- 「今度100点とったら、ほしいものを買ってあげるね」

おやつを食べる、ゲームをするなど、ご褒美作戦には副作用のないものを

お金で宿題をさせるのは考えもの「いくらくれる？」が口グセになる可能性がある

「宿題したら100円あげる」は速攻性があり、子どももはじめのうちは喜んでやるでしょう。親も「100円で宿題やるなら安いものか」と思ってしまいます。でも、こういった即効性のある方法には、副作用があります。例をあげると、宿題以外でお手伝いを頼んだとき「じゃあ、いくらくれる？」と言いだす可能性があるのです。実際に私の教え子にも「いくらくれる？」が口グセの子がいたので、注意したいところです。

そこで副作用のないご褒美を活用するのはどうでしょうか。**副作用のないご褒美とは、「日頃から普通にやっている楽しいこと」を順番を変えてあとまわしにすることでご褒美化すること。**たとえば「宿題が終わったらゲームをする」「宿題が終わってからおやつを食べる」など。宿題をやってもやらなくてもやることを、宿題のあとに持ってくることでご褒美化するのです。このようなご褒美なら副作用がありません。

「将来、こんなふうになってほしいな」と親の願望が強すぎると、子どもの主体性が育たない

これも同じです

- 「ママは大学行けなかったから、あなたには絶対行ってほしい」
- 「パパはスポーツで鍛えてよかったから、あなたにもやってほしい」

子どもは親の2周目の人生ではない。しあわせの基準は常に子ども自身に

「自分は学歴がなくて苦労した」「高収入のほうがしあわせ」など、いろんな理由があると思います。しかし、そのしあわせの基準はどれも子どもではなく親自身であることに気づいてください。

「〇〇になってほしい」と口ではっきり言わなくても、ほのめかすなどして微妙な強制をする親は結構多いのです。これだと子どもは自分はなにをやりたいのか、どういう生き方をしたいのかなどが自分では決められなくなります。主体性がなくなり、人生でいちばん大切なことがわからなくなってしまいます。

親の思うしあわせを押し付けると主体性のない子が育つ

「子どもを医者、弁護士、高級官僚にしたいんですが、どう勉強させればいいですか」と言う親は多いです。そう言われると「子どもはそれになりたいのか」と思います。**親の願いが強すぎると、結果的に子どもを不幸にしてしまいます。**親の願いより、本人の意思、性格、向き不向きなどを、もっとしっかり考えてあげてほしいです。

「あの有名人はこれやっていたから、やってみよう」という

教育方針では子どもの才能は開花しない

これも同じです

- 「東大生はこの習い事をしていたから、通ってみようよ」
- 「○○をはじめよう!
オリンピックで活躍したあの選手みたいになろうよ!」

主人公は有名人ではなく我が子。子どもが好きなことなら伸びる

他人をだされて教育方針を決められるのは子どもにとっては迷惑でしかない

「東大生や有名人が子どものころ◯◯を習っていたから、うちもやらせよう」という考えは、我が子を無視した考えです。それを子どもがやりたいかも、向いているかもわからないからです。子どもが嫌々やっても成果はでません。結果的に、時間とお金が無駄になるだけです。

気の進まないことを嫌々やっていると、親に叱られることが増えます。その結果、親子関係が悪化したり、自己肯定感がさがる可能性が。また、そういうことが多くなると、「自分はダメな子だ」「ママやパパの期待に応えることができないダメな子だ」と、子どものメンタルに悪影響がでます。

勉強も習い事も子どもを中心に考えてください。将来役立つ、能力が伸びる、親がやらせたいなどではなく、今現在、子ども自身がやりたいこと、好きなこと、楽しくできることを基準にしたほうがいいでしょう。P78で習い事の考え方も解説しているのでご参考に。

「○○でなくちゃいけないよ」

の基準は親。そうでない自分を受け入れられず、自己肯定感がさがってしまうかも!?

これも同じです

- 「女の子なんだからもっとおしとやかにしなさい」
- 授業参観の帰りに「もっと積極的に発言してほしかったな」

親の願い＝親の欲だと気づいて、我が子を「これでいい」と思ってみよう

「親の理想」や「親の願い」は諸悪の根源
子どもが苦しむことになる

子どものことを「これでいい」と思ってみましょう。実際、大丈夫ですから。

でも「これでいい」と思えない人が多いのは「もっと、もっと」と欲をかいて求める心があるから。親の要求がエンドレスだと子どもはずっと追い立てられます。

親の期待に応えられない自分を責めたり、「パパやママに嫌われる」と思ったりして、自己肯定感がさがってしまいます。

それに、多くの場合、子どもは親の「理想の我が子像」のかなり下を低空飛行しています。その理想とのギャップで親はどうしても叱ることが増えるのです。

女の子は特に注意

女の子に多いのですが、女の子脳の子は親の気持ちが読めるので、親の願いを汲み取ってかなえようとします。「ママはピアノをやってほしい」とわかると「ピアノ習いたい」と言いだします。自己管理能力も高いので、イヤなことでもがんばり続け燃え尽きてしまうパターンも。

「わがままを言わなくていい子だね」とほめると子どもが本心を言えなくなる可能性がある

これも同じです

- 「学校に休まず行っていてすごいね」
- 「お姉ちゃんだから、弟の面倒をしっかりみていてえらいね」

自分がほめて子どもをコントロールしようとしていることに、気づこう

条件付きのほめ方ばかりだとほめられるために無理をしてしまう

日頃から「わがままを言わなくてえらい」とほめていると、子どもはわがままを言えなくなります。「学校へ休まず行っていてすごいね」とほめていると「休みたい」と言えなくなります。子どもは「パパやママはこういう自分が好きなんだ」と思い、親の要求に応えようという気持ちが強くなるからです。その結果、本音を閉じ込めたままストレス過多になる子もいるのです。

親は子どもをコントロールするために、無意識にこういった「条件付き」のほめ方をしてしまいます。罰で脅したり叱ったりしてやらせるよりはいいですが、親がこうあってほしいことばかりほめることで子どもを追い込んでしまう可能性もあるので注意したいところです。

心理学において、子どもが親に愛されていると実感するのは、「無条件に丸ごと肯定されたとき」。自分のほめ方が本当に子どものためになっているのか、一度振り返ってみましょう。

友達と比べて「〇〇ちゃんはできてるよ」と責めると子どもも自分を責めてしまう

これも同じです

- 「〇〇ちゃんは上手なのに、あなたは下手ね」
- 「〇〇ちゃんは、もう漢字が書けるんだって」

無意識に比べてしまうなら意識して比べるのをやめよう

「ないものねだり病」は子育てにおいてメリットがひとつもない

「〇〇ちゃんは漢字が書けるのに、我が子はできない」「〇〇くんは25m泳げるのに、我が子はまだ浮くことすらできない」など「ないものねだり病」の親は多いもの。その気持ちを口にだすと、子どもは「自分はできないからママを悲しませている」と自分自身を責めることになります。**親は自分の「ないものねだり病」を自覚して、「あること見つけ」を心がけて**ほしいと思います。そうすれば、ありのままの我が子の素晴らしさが見えてきます。また、思いがけない長所や才能に気づくことができるかもしれません。

親も自分自身を比べない

ＳＮＳの時代。「〇〇さんの家はいつもきれいだけど、うちはずっと片付かない」などと感じる機会が多いかもしれません。ですが、比べることで今ある状態のありがたいところが見えなくなり、ストレスが増え、子どもに叱る場面も増えてしまい、悪循環です。

子どもがうまくできたとき
「○○ちゃんよりできるね！」
と誰かと比べてほめるのは危険。できなかったとき
必要以上の劣等感を抱く

あの子より
ワタシは
上なんだ！

ちゃんより
すごいよ！

これも
同じです

「○○ちゃんはできてないことをあなたはできていたね！」
「クラスでいちばん上手だったよ」

誰かと比べてほめる・叱るはやめよう。過去の本人と比べるならOK

優越感は自信にはならない
人と比べることが習慣になると
子どもの自己肯定感は育たない

親はみんな「比べる病」。乳幼児期から歩きはじめが早い・遅い、言葉を話すのが早い・遅いなど、人や平均値と比べて、心配したり安堵したりします。でも、人と比べて「○○ちゃんはできるのに、あなたはダメね」と叱ったり、「○○ちゃんはできないけど、あなたはできてすごい」とほめたりするのはやめてください。

後者は問題ないのでは、と思う人もいるかもしれませんが、人と比べて評価すること自体、よくありません。なぜなら、親が人と比べてほめ続けると子どもも誰かと比べる意識を強く持つようになるからです。また、優越感でしか自分のよいところを見つけられなくなる可能性もあります。そういう子どもは、追い越される不安を常に持ち、追い越されたあとに必要以上に劣等感を抱きやすくなります。

比べるなら他人ではなく、去年の我が子、半年前の我が子……など子ども自身の成長で比べてほめてください。子どもは自分の成長に気づき、自信が持てます。

友達やきょうだいとケンカしたときに「でも、悪いのはあなただよ」と真っ向から否定すると、子どもは心から反省しなくなる

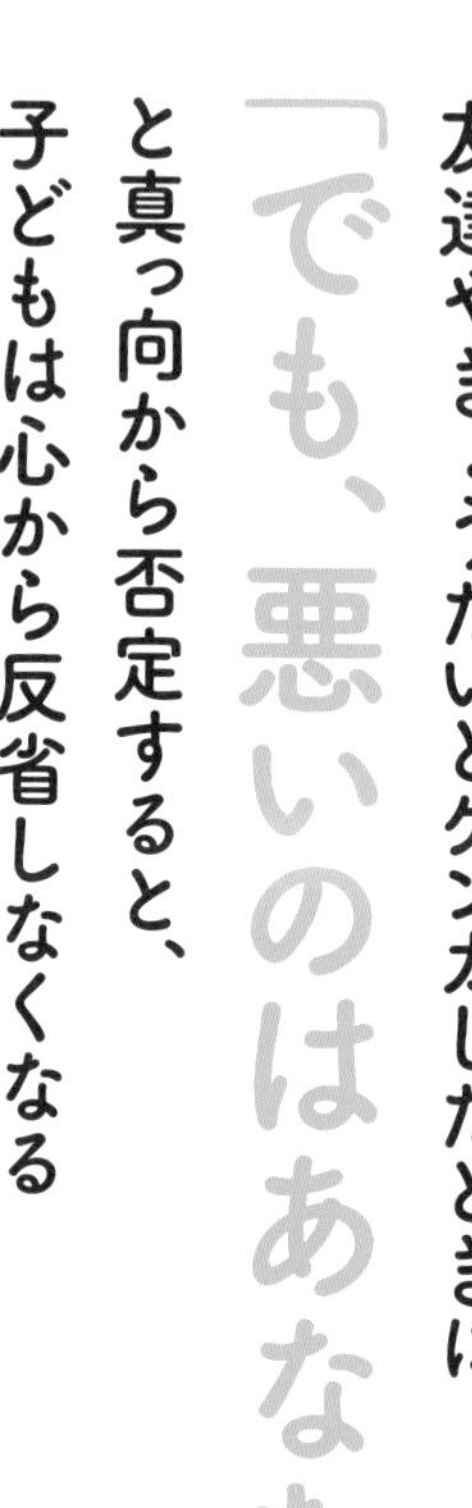

これも同じです

※「言い訳はダメ」「叩いたあなたがいちばん悪い」

まずは「フリ」でも共感する。否定の気持ちはしっかり隠そう

**まずは共感に徹する
子どもは自分の気持ちを
わかってくれた人を信頼する**

講演後の質疑応答で「共感が大事とわかりましたが、心から共感できないときは共感のフリでもいいですか？」と聞かれました。私はこう答えました。「**フリでもいいです。**心から共感できなくて、本心では『うそでしょ』『あなたが悪いんでしょ』と思っていたとします。でも、それをストレートに言ってもよい展開にはなりません。本心は隠してまずは共感的にたっぷり聞いてあげ、言うべきことがあれば最後に言いましょう」

友達やきょうだいとケンカしたときも同じ。「だって弟が」という言い訳に「でも、叩いたのはあなたでしょ。あなたが悪い」と頭から否定するのはＮＧ。まずは「おもちゃをとられたんだね。イヤだったね」とたっぷり共感します。そして最後に「じゃあ、弟はどう思っていたのかな？」と聞いてみましょう。この順番なら、子どもも素直な気持ちで振り返ることができ、「自分も悪かったかも」と反省できます。**キーワードは共感**です。

「ほら、謝って」と謝罪を強要しすぎるのはＮＧ。親に不信感を持つようになる

謝りなさい

あの子が悪いのに
なんでママは
ワタシの味方して
くれないんだろう

これも同じです

言い訳も聞かずに「ごめんなさいと言いなさい」と言う

「ごめんなさい」を聞くために叱らない。「北風と太陽」の太陽のような対応を

頭ごなしに謝らせると
表面的にはおさまるけれど
親への不信感は募るばかり

いつも物のとりあいで妹を泣かせてしまう女の子がいます。「謝りなさい」と言っても謝らず「だって……」。父親は「言い訳するな」と叱り、一週間おやつなしになりました。このような一切言い訳をさせず、謝ることだけを強要して、謝らなければ罰を与えるやり方は逆効果。本当の反省にはつながりませんし、親に対する不信感もでてきて必要以上に反抗的になります。

頭ごなしに謝らせようとするのではなく、まず共感を示し、子ども自ら心を開く環境をつくることが大事。イソップ寓話「北風と太陽」のようにです。

まずはちゃんと言い分を聞きます。「だって、ワタシのだから」と子どもが言ったら「そうなんだ。とられて腹が立ったんだね」と子どもの気持ちに寄り添って。「気持ちをわかってもらえた」と思ってはじめて「自分もいけなかった」と考えることができます。そうすれば素直に謝ることができます。

友達に対してよくないことをしたとき
「友達に嫌われちゃうよ」は脅し。
コミュニケーション下手に

これも同じです

「そんなことすると友達がいなくなっちゃうよ」

「そんなことしていると、誰もあなたと遊んでくれなくなるよ」

まずは子どもの言い分を共感的に聞く。叱るのではなく前向きな言葉で諭す

子どものころの友達つきあいは人間関係を育む土台になる前向きにとらえられるようにしたい

ある40代のある女性は、子どものころ母親に「だからあなたは嫌われる」と言われました。どんな状況で言われたかは覚えていません。でも、ずっと頭に残り、まわりの人が信じられなくなったそうです。「嫌われる」という言葉は、人格を全否定する言葉。そして「そんなことすると嫌われるよ」は脅迫です。

子どもはイヤな気持ちを言葉にできなくて、友達によくないことをしてしまうことがあります。そういう場合は、友達と離れたところで「どうしたの？」と聞いてみましょう。そして子どもの言い分をたっぷり共感的に聞いてから、「〇〇ちゃんはどういう気持ちだったかな？」と聞くなどして一緒に考えるといいでしょう。

子どもにとって友達とのつきあいは、大人になったときの人間関係の土台。「嫌われる」という強い言葉を使うと、他者不信感を持つようになる可能性があります。

 親野の子育て応援メッセージ　他人の不機嫌につきあって自分も不機嫌になる必要はない

「あの子と遊ぶのはやめなさい」は
あの子ではなく自分も否定されている気持ちになる

ママ あの子
苦手…

おいっ
お前っ!!

ボクの
好きな友達なのに…
ママの言うとおりに
しないといけない
のかな

これも
同じです

- 「あの子と遊ぶと言葉遣いが乱暴になる」
- 「ママはあの子は嫌いだな」などと子どもの友達の悪口を言う

子どもには友達を選ぶ権利がある。親が子どもの友達を選んではいけない

親が子どもの人間関係をコントロールするのは過干渉　秘密も増える

園児や小学校低学年くらいの子は、友達とのつきあい方についても十分な経験があるとはいえません。でも、深刻な悪影響やいじめの被害があるなどでなければ、「あの子とは遊んではしくない」などと、親がコントロールする過干渉はやめましょう。子どもが自分自身で人間関係を築く力が育たなくなるからです。

友達とのやりとりにイチイチ口をだすのもＮＧ。「親から信頼されていない」と感じたり、積極的に友達と関わる意欲が減退したりする可能性があります。

自分で選んだ友達となら多少トラブルになっても、子どもはそこから学んでいくものです。それに、日頃から子どもの話を共感的に聞くようにしていれば、なにかトラブルがあったときも子どもから話してくれます。そうすれば素早い問題解決につなげることができます。

また、自由を制限された子は、自由を取り戻すためにわざと親に交友関係を秘密にするようになるという弊害も。

友達に言い返せなくて溜め込んでいる子に「言い返さないとダメでしょ」というアドバイスが逆にプレッシャーになることも

ちゃんと
言わないと
伝わらないよ

でも、言えないよ…
嫌われたくないし
なんて言えばいいかも
わからない

これも
同じです

- 「言われっぱなしで情けない」
- 「がんばって言ってみよう」
- 「もっと本心を言っていいんだよ」

どうしても言い返せない子もいる。代弁や共感で味方になろう

相手に伝える力は大切
だけど、それを押し付けられると
プレッシャーに感じてしまう

我が子が友達に言い返せずに気持ちをのみ込んでいる様子を見ると、親は「自己主張したほうがいいのでは？」と思うかもしれません。でも「言わないとわからないよ」がプレッシャーになる子もいます。子どもが気持ちをのみ込んだときは、共感的に「悲しかったね」「悔しかったね」と気持ちを代弁すると、子どもの心は軽くなります。

子どもの口から言い返せない理由が聞けたときも共感的な肯定を。「嫌われたらイヤ」という理由なら「そうだね。わかるよ」。また、そういう子は好きなことにとことん熱中させて、自分の世界を持たせてあげることが大切。それで自信がつくと友達に依存しなくてもすむようになります。

どう言葉にしたらいいかわからない子には親子シミュレーションで練習を。「やめて」「そんな言い方しないで」など、実際に声にだす練習で、いざというときに言いやすくなります。

習い事を辞めたいと言う子に「今辞めるともったいないよ」は親の価値観の押し付けでしかない

こんなにつらいのに
なんで続けないと
いけないの？

せっかくだから…

これも同じです

- 「あなたがやりたいって言ったんでしょ」
- 「お金がもったいないから、もう少し続けて」
- 「もう少し続けたらうまくなるかもよ」

習い事を10個辞めたとしても11個めにハマるものに出合えればいい

習い事は「今、楽しく充実した時間を過ごせる」ものを選ぶ そのほうが子どもは伸びる

実は、習い事で苦しんでいる子がたくさんいます。イヤな習い事がある日は朝から憂鬱。精神衛生上よくないです。これは「やりはじめたものは続けさせないと辞めぐせグセがつく」と思い込んでいる親が多いのが要因。この「辞めグセ」というのは迷信です。

スポーツに関しても、子どものうちにいろいろなものを経験することが大切。そのほうが全身を満遍なく使うことができ、健全な成長にもつながります。先進国で唯一日本だけが子どもにひとつのスポーツをずっとやらせる傾向が高く、しかも、未だに根性主義・勝利主義が蔓延しています。世界では「楽しく」が主流。

無料体験や2か月割引などがあり、いろいろ試せる時代。史上最年少で全日本個人総合選手権に優勝した体操の谷川翔(かける)選手の母親は、子どものころから「本人がやりたがるもの」をどんどんやらせたとのこと。スイミング、和太鼓など。結果、本人が選んだのが体操だったそう。

親野の子育て応援メッセージ　脳は騙されやすい。「楽しい楽しい」と言い聞かせよう

夢中になっているけれどなかなか上達しない習い事を「もう辞めよう」と親が言いだすのはNG。脳の成長を妨げる

絵の才能がないのかももう、辞めてもいいよ
なんで?こんなに楽しいのに

これも同じです

※「どうせうまくならないから続けても意味ないよ」

※「別のものに変えよう」

結果は求めない。子どもが楽しそうに没頭しているなら大きな意味がある

好きなことに没頭する体験は新しいことにチャレンジする意欲につながっていく

子どもの成長スピードは千差万別です。どの子にもオリジナルのペースがあり、それは生まれつきのもの。習い事の上達についても同じ。なかなか上達しないと親は「合ってないのかも」とヤキモキするかもしれません。でも、無理にペースをあげるのはやめるべき。子どもが好きで楽しそうにしているのならなおさらです。親は結果を求めるのをやめ、どっしり構えて子どものペースを受け入れて。

本人が楽しければそれでいいのです。楽しんで没頭しているとき、脳内でドーパミンが放出されて幸福感とやる気が高まります。この経験が多い子は、自分のやりたいことにどんどんチャレンジできる子になります。つまり、**自己実現力と向上心が高まる**のです。

イヤな習い事は辞めてもいい

イヤなことを続けてもドーパミンは放出されず、むしろ憂鬱な気持ちを抱えることになるので逆効果（P130参照）。

親野の子育て応援メッセージ　キレる前に深呼吸しよう。ゆ〜っくり長く吐くのがコツ

学校や幼稚園・保育園に行きたくないという子に「行ったほうがいいよ」と促すことはリスクが伴う

これも同じです

- 「そのうち慣れるから大丈夫だよ!」と学校に行かせる
- 「あなたが保育園に行かないとママが仕事に行けなくて困る」

まずは休ませて安全確保。いろいろな選択肢のなかから選べばいい

子どもはがんばって「行きたくない」と伝えたその気持ちを尊重する

「学校に行きたくない」と言われると、親は「明日は行ける？」「どのくらい深刻？」と心配になって焦ります。

でも、無理に行かせることにはリスクがあります。学校で余計苦しみが深くなり傷つく、親への不信感が育つなど。まずは落ち着いて、子どもの話を共感的にたっぷり聞きましょう。「登校・登園ありき」で臨まないことが大事。

それによって子どもも気持ちが整理でき、親にも情報が入り、対応方法も見えてきます。子どもが話したがらないなら、無理に聞きだそうとせず「話したくなったら言ってね」と伝えましょう。子どもを責めたり「先生に相談してごらん」などの一方的なアドバイスをしたりするのではなく、「あなたの味方」というメッセージを伝え続けて。

今は、リアルやオンラインでのフリースクールも含めて、いろいろな選択肢がある時代です。環境を変えることで気持ちが変わることもありますよ。

親の好みで「え～、こっちのほうがいい。こっちにしよう」と強制していると子どもに真の自立はない

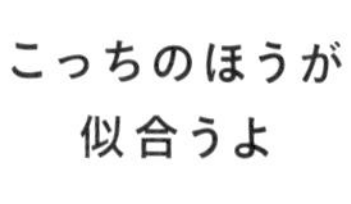

これも同じです

- 「こっちのほうが似合うから、こっちにしよう」
- 「ママはこっちのほうが好きだな」と子どもの選択とは別のほうをすすめる

子どもの選択を認めることが子どもの自信につながる

交渉の余地のない親のもとでは人生の決断力は養われない無力感を抱いてしまう

ラン活や服選びなど子どもと親の好みが違うことはあります。こんな風景を見ました。女の子がフリルいっぱいの服を持って母親に「これがいい」と言いましたが、母親は「こっちにして」と反対。女の子が食いさがるも、「ダメ。ママのお金で買うんだから！」と却下。母親が選んだのは紺色の地味な服で女の子は落胆。

交渉の余地のない親だと子どもは不満を溜め込み、ついには「なにを言ってもムダ」と無力感を持つようになります。人生を主体的に生きていく「真の自立」は遠ざかるばかりです。**ちいさな選択でも自分で選んで決める、それを繰り返すことで、決断力が養われます。**

親としてどうしても譲れないときは？

「このランドセルだと友達になにか言われる。この子は耐えられないはず」など、どうしても不安なときは、子どもの話に共感しつつも「ママのお願い」として、子どもにあきらめてもらうのもあり。

子どもの選択に対して「女（男）の子だからこう」と性別で決めるのはNG。子どもの可能性を狭めてしまう

これも同じです

- 「女の子だから、料理とかできたほうがいいよ」
- 「このアニメは女の子のものだよ。男の子は見ないよ」

性別を理由に「できない」と言わない。一緒にできる方法を考え、応援しよう

性別関係なく自分で道を切り開いたという成功体験は将来大いに役立つ

ある小学校2年生の女子の話です。彼女はサッカーが大好きだったので、「サッカー少年団に入りたい」と思いました。母親に言うと一緒に監督に頼みに行ってくれました。そのときは「男子だけだから」と断られましたが、あきらめませんでした。サッカーをやりたい女子はほかにもいるはずだと、2年生の各クラスをまわり、ふたりの仲間を見つけました。

その仲間とその両親の合計9名でもう一度監督のところに頼みに行くと、意欲に感動した監督は入団を認めてくれました。

彼女は、やりたいことを見つけ、知恵を使って作戦を考え、果敢に挑戦・努力して成し遂げました。成長過程でこのような経験をした子は、今後も前向きにいろんなことに挑んでいけます。これが自己実現力であり、今の時代に必要な力。

母親が「女子は無理」と言わず味方になってくれたのも大きなポイント。たとえ成功しなくても、母親への信頼は高まり、次も相談できるようになります。

「もう○年生なんだから」と年齢で子どもの好きなものを卒業させると、これからの時代に必要な能力が身に付かない

もう
お姉ちゃんでしょ

そのおもちゃと
遊んでいるときが
楽しいのに。
ワタシの楽しみが
なくなっちゃう

これも
同じです

- 「お兄ちゃんになるんだから、このアニメは見ないよ」
- 「それよりも今は勉強のほうが大事だよ」と好きな遊びをさせない

「好きなものに熱中しているときこそ地頭がよくなる」という発想を持とう

好きこそものの上手なれ
これからの時代に必要な能力は「好き」から育つ

あるママが「もうトーマスは卒業！トーマスはテストにでないよ」と叱っていました。確かに『きかんしゃトーマス』はテストにでませんが、大好きなことに熱中しているときに、脳の中のシナプスが増えて地頭がよくなります。地頭がよくなっていれば勉強もスイスイ入ります。

親は好きなことを深掘りする手助けをすることが大事。トーマスが好きな子なら機関車を見に行くと喜ぶでしょう。すると動く仕組みに興味を持つかもしれませんし、歴史を知りたくなるかもしれません。子どもはひとつの好きをきっかけに、世界を広げます。子どものころからそういう生き方をしていると、個性的でオリジナルな教養が身に付きます。それが新しいアイデアを生みだしたり斬新なものを企画する創造力の源泉に。**これからの時代に必要なクリエイティビティは熱中体験から育つのです。**『サンドウィッチマン&芦田愛菜の博士ちゃん』というテレビ番組に登場する子たちがよい例。

言うことを聞かない子どもに「〇〇しないとおやつ抜きだよ！」というのは即効性があるが、罰則型の考え方の植え付けに

片付けないと
おやつ抜きね!!

ピッ

ささっ

おやつを
食べたいから
片付けるんだ!

これも同じです

- 「わがままばっかり言うと、ゲーム捨てちゃうからね!」
- 「静かにしないともう連れてこないよ」
- 「言うことを聞かないとパパに怒ってもらうからね」（P184参照）

罰則型の叱り方は今すぐやめよう。そこには教えも学びもありません

親が罰則型の言い方をしていると子どもも罰則型の考えになってしまうので要注意

「片付けないとおやつ抜き」と罰で脅す言い方はやめましょう。即効性があるので言いがちですが弊害が大きいです。多用していると、罰がないと子どもが動かなくなったり、もっと強い罰が必要になったりします。罰則型の叱り方で子どもが言うことを聞くのは罰がイヤだから折れただけで、そこには「教え」も「学び」もありません。

また、親が罰則型の言葉遣いだと、子どもも同じ言葉遣いをするようになる可能性があります。つまり、友達に対して「お人形を貸してくれないと遊んであげないよ」と言ってしまうのです。これは心理学でいうところの「モデリング効果」。「罰で脅すのは効果的だ」と学んでしまうのです。児童臨床心理学者のアラン・カズディン博士も「罰を言い渡した親は気分がよくなるかもしれない。だが、それで子どもの行動が変わることはない」と言っています。罰則型の叱り方はやめましょう。

「言うこと聞かないとおばけがでるよ！」は心理的な暴力。

弊害や副作用が多すぎる

これも同じです

※「約束を守らないと地獄に堕ちるよ」
※「ケンカすると鬼が来るよ」

おばけや鬼で脅さない。恐怖が強いと攻撃的になる

本当の道徳や倫理観は恐怖心ではなく愛をもとにして育つ

「地獄の絵本」や「鬼からの電話アプリ」を使ったら、子どもが言うことを聞くようになった、という話を聞くことがあります。しかしこれは心理的な暴力。恐怖をもとにしつけたり、コントロールしたりしていると、いろいろな弊害・副作用がでてきます。

まず、目に見えない部分で、心の傷・心的外傷・トラウマをつくってしまう可能性があります。「地獄の絵本」を読んで、トイレに行くのが怖い、夜が怖いという子どもは多いです。

また、恐怖の反動は攻撃であり、恐怖心が強いと攻撃的になります。子ども時代は、毎日親の愛情を実感しながら安心してしあわせに過ごせることがいちばん。

鬼っているの？と聞かれたら

「鬼なんていないよ。たとえ鬼が来たとしても追い返しちゃうよ。ママが守ってあげるから大丈夫」と言ってあげましょう。子どもが安らぐことを優先して。

「あなたのために言っているの」という言葉は、子どもにとっては苦痛。トラウマになることも

これも同じです

- 「愛情があるから言っているんだよ」
- 「将来困るのはあなたなんだよ!」
- 「パパとママの言うことを聞いていれば大丈夫」

「子どものため」は実は「親のため」。自分の価値観の押し付けはやめよう

「子どものため」という決め付けで親は自分で自分の首を締め付けている

親が「あなたのため」と言うとき、実際は「親のため」であることがほとんどです。たとえば「あなたのために塾に行ったほうがいいと言っているの」という言葉。これは、「医者や弁護士になってほしいから」「将来の選択肢が広がるから」「自分が学歴がなくて苦労したから」「子どもが勉強できると鼻が高いから」など、**子どものためだと言いながら、無意識のうちに親の価値観が基準になっているのではないでしょうか。**

習い事や進路の選択で「あなたのため」と言って親の価値観を押し付けていると、よい結果がでなかったとき、子どもは「パパの期待に応えられなかった」と落ち込んだり、「ママの言うとおりにしたらこうなった。これは自分の考えではなかった」と必要以上に親に反発したりします。親は親で「こんなはずではなかった」と後悔するでしょう。

子どもの人生は子どものものです。まずは親が意識改革を。

コラム4

「過干渉」になっていませんか

親が過干渉、しつけ優先、細かすぎ、強権的、暴力的だと、子どもは常に親の顔色を伺って行動することになります。それで手がかからなくなったのを見て、「成長した」と満足する親もいます。なかでも「過干渉」は親が気づきにくいもの。

過干渉とは子どもが本当にやりたいことではなく、親がやらせたいことをやらせることです。つまり、価値観の押し付け。過干渉な親では、子どもは常に自分の興味関心を抑えるようになり、自分がやりたいことをできないまま育ちます。

過干渉の具体的な行動の例をあげてみます。

✤子どもがやりたいことに対して、先回りして「危ない！　ダメダメ」と、大して危なくないこともやらせない

✤「赤と青の服どっちがいい？」と聞くが、子どもが「青」と言っても「女の子だ

から赤にしたら?」や「赤のほうが似合うよ」などと、結局答えを押し付ける
✤子どもが行きたくない習い事や塾に「あなたのためだから」と無理に行かせる
✤子どもの交友関係に口をだす
✤子どもとの会話の中に「○○したほうがいいよ」「○○より○○のほうがあなたに合っていると思う」など、親の主観的なアドバイスが多い
✤子どもがしたいことに対して「これのほうがいいんじゃない」「そんな恥ずかしいことしないで」「あなたには無理」などと制止する

過干渉の親は「勉強ができないと将来大変な思いをする」「将来、苦労してほしくない」という思い込みが強く、「我が子はこうあるべき」と思いすぎています。

このような、過干渉な親のもとで育った子どもは、将来自分のやりたいことがわからなくなってしまったり、友達に依存しすぎて人間関係がうまくいかなくなったりする可能性が高まります。また、「自分なんて」という自己否定感が強く、生きがいを見つけることも困難になりがちです。

親が子どものことを心配するのは当然ですが、心配しすぎは過干渉につながります。子どもは親とは別の人間です。子どもに干渉しすぎていないか、今一度自分の行動を見直してみてほしいと思います。

コラム5

パパ・ママを悩ませる子育てのうそ

子育てや教育は、人類の誕生以来ずっと続いてきたものですが、未だに「本当のことがわからない」という状態です。だから勘違いや迷信がとても多く存在しています。

たとえば、赤ちゃんの「抱きグセ」。昭和30〜40年代では、赤ちゃんが泣いたらすぐ抱っこすると、抱きグセがつき手がかかるようになるといわれていました。しかし、近年の世界のスタンダードは、「泣いたらすぐに抱っこするのがよい」とされています。たくさん抱っこされた赤ちゃんは愛されているという自信がつき、精神的に安定し、自立心が育つのです。

このように、今と昔では「正反対」であることも多いのです。ここでは、近年の教育学や脳科学、発達心理学の研究などでわかってきた「昔はこう言われていたけど否定された」子育てのうそを解説します。

うそ

習い事をすぐ辞めさせると辞めグセがつく

嫌々やっている習い事を無理に続けるのは、子どもにとってつらいことです。なかなか進歩しないですし、嫌々な状態が続くことは精神衛生上もよくありません。

うそ

子どもができないことを親がやると自立の妨げになる

近年の発達心理学の研究では「子どもができないことは手伝ったりやってあげたりしたほうがいい。しかも、叱りながらでなく楽しいふれあいのひとつとして。親子関係もよくなり自己肯定感も育ち、それが本当の自立につながる」とされています。

うそ

子どもの言うことばかり聞くとわがままに育つ

真実はその逆。つまり、自分の言うことをよく聞いてもらえている子のほうが、わがままを言わなくなるし、親の言うことにも耳を傾けられるのです。

ひとりっ子はわがままになる

うそ

ひとりっ子は、パパ・ママの愛情を一身に受けているので、愛情で満たされている子が多いです。親のみならず、両家の祖父母の愛情も受けられます。そういった子は心が安定し自信を持つことができます。つまり、自己肯定感を持ちやすい環境。自分が愛情で満たされているから、人にも愛情を分けてあげられる子が多いです。

叱られて育った人は叱られ慣れているから打たれ強い。仕事で失敗しても立ち直れる

うそ

レジリエンスの研究で「叱られ続けて育った人よりも、ほめられて育った人のほうが自己肯定感も他者信頼感も高いので、失敗から立ち直れる可能性が高い」と判明しました。

勉強ができる子は、整理せいとんができる

アメリカ・ミネソタ大学のキャスリーン・ヴォース氏の研究によると、クリエイティブな人は片付けや整理せいとんが苦手なことが多いことがわかりました。アインシュタイン、マーク・ザッカーバーグ、スティーブ・ジョブズ、葛飾北斎など、天才たちは、みんな片付けが苦手です。私の知人や教え子でもそれは当てはまります。

うそ

食べ物の好き嫌いが多い子は、将来、仕事でも好き嫌いをする

根拠のない迷信です。食べ物の好き嫌いと性格は関係ありません。一般的に子どもは、経験不足による危険から身を守るために、苦味や酸味を毒や腐敗と捉えて抵抗を感じるようにできています。つまり、本能的にブレーキをかけて身を守っているのです。大人になって経験を積めば、自然と食べられるようになることが多いです。

うそ

幼いときから勉強させたほうが、いい大学に行ける。社会的にも成功できる

お茶の水女子大学の内田伸子名誉教授の研究では、偏差値68以上の難関大学に合格する子は、そうでない子に比べて、小学校入学前に十分に遊んだり、自分が好きなことに熱中したりしていた割合が高い、ということが判明しました。

うそ

マナーは幼いときから厳しくしつけたほうがいい

親が常識的なマナーを身に付けていて、親子関係もよければ、子どもは喜んで親の真似をするので自然にマナーが身に付いていきます（モデリング効果）。幼いときからマナーにこだわって叱り続けるより、まずはよい親子関係をつくることを優先しましょう。

コラム6

マイペースな子には「模擬時計」

子どもにとって目に見えない量である時間は、極めて抽象的なものです。「あと5分」と言われても、その5分でどのくらいのことができるのかわかっていません。そこでおすすめなのが「模擬時計」です。模擬時計とは、画用紙にアナログ時計の絵を描いて、目標とする時刻の針を描き込んだもの。

登校・登園前の身支度を7時30分に終わらせたいなら、針が7時30分を指した模擬時計を本物のアナログ時計の横に貼ります。残り時間が減っていくのが目に見えてわかるので、子どもにもどれだけ急ぐべきかわかります。

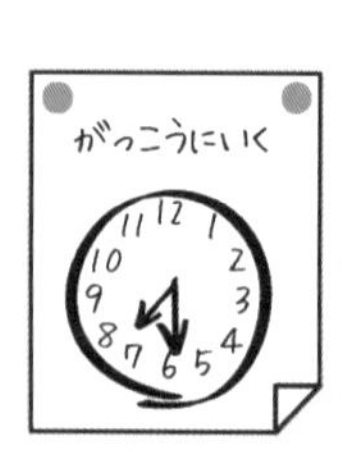

第3章

親が「ついつい」使っている言葉

親子で一緒にいるときに他人から子どもをほめられて
「そんなことないですよ。家ではだらしがないんです」などと
謙遜してしまう親は多いと思います。
これは、ほぼ反射的にでてしまう言葉です。
しかし、それを聞いていた子どもは真に受けてしまいます。

「ママってホントはボクのことそう思ってるんだ」
「そんなことをわざわざ人に言わないで」

親はまったくそんなつもりがないのに、
子どもの自己肯定感をさげてしまう可能性を秘めているのです。

実はこういった言葉はほかにもいろいろあります。

この章では、親が「ついつい」発している言葉について話します。
「あ〜、これ言っちゃってる」と思う言葉も多いかもしれません。
でも決して「わたしはダメだな」とは思わないでください。
気づいたときからはじめればいいだけですから。

子どもは親が思っているよりも親が言うことを聞いています。
親が気づいて言葉への意識を少し変えるだけで、
親子関係はどんどんよくなっていくでしょう。

親子の会話は子どもの人間力アップにつながる。スマホ片手に「うんうん」と聞くのはもったいない

これも同じです

- 子どもとの会話中に電話をかかってきたら、子どもになにも言わずにでる
- 子どもと遊びに行ってもスマホばかりいじっている

スマホの用は子どもの成長より大事？脱スマホで親子関係を深めよう

**顔と顔を合わせた親子の会話は子どもの脳の栄養
人間力をアップさせる**

子どもの話を聞くときついやってしまうのが、スマホをいじりながら、テレビに目をやりながらの「ながら聞き」。これだと、子どもは「適当にあしらわれている」と感じざるを得ません。なにもそんなに長い時間がかかるわけではないので、正対してしっかり聞いてあげましょう。

親子雑談は子どもの心と頭にとって栄養満点。「今日学校でね」「○○くんとね」と話すことで、ストレス解消、記憶の定着、表現力の育成になります。また、話すことで「もっとこうすればよかった。○○くんにあのときああ言えばよかった」と体験を整理して経験に昇華でき、人間力アップに。なお、「宿題やらなきゃダメ」などは雑談ではありません。

親にもよくない!?

脳科学によると「ながら聞き」をするとコルチゾールというホルモンが過剰分泌して、ストレス増加・精神疲労・不安増大につながるとのこと。注意を。

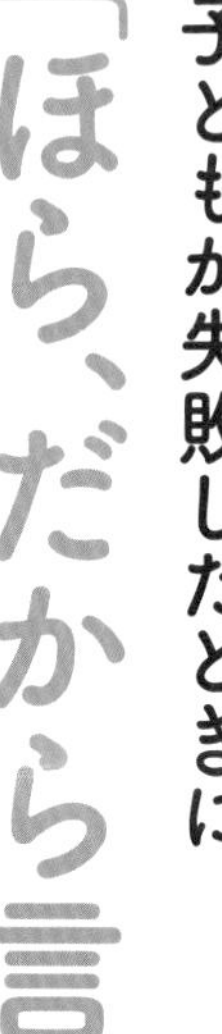

子どもが失敗したときに「ほら、だから言ったじゃん！」は「パパが正しいでしょ」と親が自分を肯定したいだけ

ほらな！

わかったか？

もうテスト
受けるの
イヤだな

これも同じです

- 「ママの言うとおりにやっておけばよかったのに！」
- 「失敗ばっかりしてダメな子だね」

失敗は学びのチャンス！親の失敗談を語るのがおすすめ

子どもは失敗から多くのことを学ぶ
失敗を責めてしまうと
挑戦すらできない大人になる

子どものころ習字の試験に落ちたという男性の話。友達はみんな受かり、自分だけ落ちたのでがっかりして家に帰ると母親から「ほらね、無理だって言ったでしょ」と言われ、ひどく傷ついたそうです。でも、父親が「そうか、つらいなあ。お父さんも試験にたくさん落ちたよ。水泳の試験に落ち、英検の試験に落ち、大学入試も４連敗した。就職試験もいっぱい落ちた」と言って励ましてくれ、ずいぶん気持ちが軽くなったそう。これは発達心理学的にもとてもよいアプローチです。きっと父親への信頼も増したことでしょう。

「ほらね！」と失敗を責められた子どもは、自分のことを責め、挑戦することに恐怖を持ちます。しかし、この父親のように子どものことは責めずに共感すると、また挑戦する意欲が湧いてきます。

子どもは失敗することで悔しいという感情を抱き、失敗の積み重ねの先に成功があることを学びます。

063

子どもの成功に「まぐれでしょ」と茶化してはいけない。

子どもは冗談だと思えない

すごいけど
まぐれでしょ〜

喜んでくれると
思ったのに
がんばって損した

これも同じです

- 「これが続くといいけどね」
- 「めずらしいこともあるね〜雨でも降るんじゃない（笑）」
- 「一回でいい気にならないよ」

子どもが喜んでいるときは一緒に喜ぶ。それがやる気を引きだす方法です

皮肉や嫌味は
子どものやる気をそぐNG言葉
子どもは深く傷つく

子どもは、突然、あるいは偶然いい結果をだすときがあります。そんなとき「まぐれでしょ」と言うのは、子どものやる気をそぐNG言葉です。

ある20代の女性の話。彼女の母親は幼稚園のお弁当で手を抜いたこともなく、PTAなどの役員も積極的にやって、彼女の自慢でした。しかし、はじめてリレーの選手に選ばれたとき、うれしくて帰宅してすぐ母親に報告すると、「あなたはそんなに速くないんだからまぐれだよ。みんなの足を引っ張らないようにちゃんと練習しなさい」と言われました。彼女は、「なんで喜んでくれないんだろう。お母さんはワタシのことが好きではないのかな」と感じてしまいました。その思いは大人になった今もあるそうです。

親は「調子に乗ってはいけない」「まだまだがんばってほしい」からそう言っているのかもしれませんが、こういうときは、嫌みや皮肉を言わないで一緒に喜んであげましょう。

064

テストの結果をほめるときは「いつも80点以上ですごいね！」と点数にこだわりすぎない。努力もほめよう

これも同じです

- 「いつもいちばんですごいね」
- 「いつも賞をもらってきてえらいね」

子どものやる気を引きだしたいなら テストの結果だけほめない

「毎日がんばったもんね」と努力の過程をほめると がんばることが大切だとわかってくる

テストでいい点数がとれたときは、親も「やったね。うれしいね」と一緒に喜んであげると、子どもはますますうれしくなります。

「また100点！　すごい」「いつも80点以上だね」など、点数にこだわりすぎるのはよくありません。点数が悪いときに見せづらくなるからです。

ほめるときは点数だけではなく、努力もほめましょう。「がんばっていたよね」「一生懸命やったもんね」など。すると子どもは「見守っていてくれる」と感じることができ、またがんばろうという気持ちになります。

悪い点数をもらってきたら？

もちろん叱るのはNG。本人が悔しがっていたら、共感して一緒に悔しがりましょう。本人がとくになにも言わないなら、こちらもスルーしたほうがいいかも。そのようにしていれば、子どもは悪い点数のテストも隠さなくてすみます。

065

子どもが集中しているときに「そうじゃなくて！」という横やりは禁物。やる気がなくなってしまう

違う違うっ

ママ
うるさいなあ
もうやりたくない

これも同じです

- 「なんでできないの？ 貸しなさい」と子どもが頼んでいないのに親がやる
- できない子どもを見て「も〜、イライラする〜」

横やりにイラッとするのは子どもも同じ。やる気の継続には否定語の封印を

お手伝いをしてくれた子どもに対しても同じです。たとえば洗濯物をたたんでくれた子に、「ズボンは端と端を合わせなきゃ」と否定的なひと言。すると子どもは「もうやらない」となります。すると親は「なんでそんなこと言うの！」と悪循環。

言葉は順番が大切です。「手伝ってくれてありがとう。助かるよ」と肯定してから「こうするとさらにいいかも」と提案したり、「どうすればもっとうまくいくと思う？」と一緒に考えれば、子どものやる気も継続します。

否定的な言葉よりも
肯定的な言葉を使ったほうが
子どものやる気は継続する

親子料理大会のイベントで「そうじゃなくて！　ゆっくり混ぜなきゃこぼれるでしょ」と否定的な言葉ばかりのママがいました。子どもは完全にやる気をなくしてしまいました。別のママは「上手、上手。その調子。いい色になってきたね。しっかり混ぜるとうまく溶けるよ」などの**肯定的な言葉が多く、子どもはニコニコしてやる気満々。集中力も継続。**

066

子どもに手伝いをお願いして「終わった？」とやかましく促すのは煩わしい。ペースを乱された子はやる気を失う

これも同じです

- 「ママがお願いしたこと、なんでしっかりできないの？」と責める
- 「もういい、やらないならママやるわ！」とあきらめてイライラする

お手伝いのやる気を引きだすには子どもがやりたいお手伝いから

その子の自然なかたちでお手伝いをさせることでお手伝いが好きになる

家事などのお手伝いを継続すると、子どもは大きく成長します。そして、責任感や注意力、工夫する力などが身に付きます。ですが、やってなくても「終わった？」「サボらないで」などと叱るのはやめましょう。やる気がなくなるからです。

お手伝いをやる気にさせるコツは、子どもが「やる気の旬」のときにお手伝いさせること。**実は、子どもは親の手伝いをしたがっています。**「ニンジン切ってみたい！」「掃除機をかけたい」などと言われたことがあると思います。しかし、そのやる気を「危ないからダメ」「ジャマだからあっちで遊んでて」とつぶしてしまう親は多いです。それなのに都合のいいときだけ「お手伝いして」と言い、「まだ？」と急かすのは勝手です。もちろん子どもがやりたいお手伝いは親がやってほしいお手伝いではないかもしれません。ですが、**ひとつお手伝いをして成功体験が持てると、ほかのお手伝いにもやる気を見せてくれることが多いです。**

067

「なんでヒマワリは黄色いの？」と聞かれたとき

「あとで調べてみよう」よりも

先に言ってほしいことがある

ヒマワリ
黄色くてすごい!
きれい!
ママも見て!!!
なんでだろう？

これも同じです

- 「どうしてだと思う?」と聞く
- スマホで調べてその理由を伝える

問いに答える前に「本当だ！ 黄色い！きれいだね」と一緒に驚き、感動しよう

子どもが質問してくるのは理由を知りたいからではなく感動を共有したいから

子どもから「なんでヒマワリは黄色いの？」と聞かれたら、どうしますか。「なんでだと思う？」「あとで調べてみよう」と答えたり、その場でスマホで調べたりする人が多いと思います。でも、その前にやってほしいことがあります。

こういう子どもの質問は、理由が知りたいからではありません。質問形ですが、本当は「ヒマワリって黄色いね！ すごい！ きれい！」という新鮮な驚きを伝えたいのです。

「チョウチョはなんで飛べるの？」は「チョウチョは飛べるんだ！ すごい！」と感動しているのです。その感動をパパやママと共有したいのです。ですから「調べてみよう」と言う前に、まず「本当だぁ〜黄色くて、きれいだね」と一緒に感動してほしいと思います。感動の先に「どういうものなのか」をもっと知りたいという気持ちがあります。親と一緒にいろいろな感動を共有することで、好奇心が育ちます。

068

公共のルールを破ろうとした子に「ダメなものはダメ!」と理由も言わず制止しても学びはない

これも同じです

- 信号無視をしようとした子に「危ない!」と手を引っ張るだけで理由を説明しない
- 図書館などで走りまわる子を頭ごなしに叱る

子どもに「ノー」を伝えるときは「イエス・イエス・バット」の順で

共感と安易な同調は似て非なるもの
共感にこそ学びがある

「7歳から遊べます」という張り紙がある遊具があって、5歳の子が「遊びたい！」と言いだしたとします。「ダメなものはダメ。わがまま言わないで！」は共感がゼロ。子どもは不満が溜まり、なんでいけないかを学ぶこともできません。

逆に「いいよ、遊んじゃえ。誰も見てないから」などと言ってやらせてしまったら、共感を通り越してもう安易な同調です。見つからなければルールを破っていいと教えているようなものです。

このような場合は、まず「おもしろそうだね。遊びたいね」と共感しましょう。そして、最後に「でも、7歳からだって。7歳になったらできるよ」と言います。つまり、「遊びたいね」と共感しつつもやらせてはいけないのです。これを「イエス・イエス・バット」と呼んでいます。「イエス・バット」では「イエス」が少ないので、**たくさん「イエス」を言ってから最後に「バット」（でもね）と言うことが大事です。**

069

子どもの「買って」攻撃に疲れて「わかった。1個だけね」と買っても子どもは本当の意味で満足できない。「買って」の裏に隠されている気持ちを知ろう

これも同じです

- 子どもを「わがままだ」と決めつける

親の愛情を確認したい「買って」もある。「買って」が増えたら言葉遣いの見直しを

親の愛情を十分に実感している子どもは駄々をこねることが少ない

子どもの「買って」攻撃は疲れるもの。でも、一概に悪いことと決めつける必要はありません。生まれつきの資質によるところもあり、自分の思いを強く主張できる積極的でエネルギッシュな子は「買って」も多くなるからです。そういう子は、将来仕事やプライベートでも大いにがんばる可能性があります。

一方で、親子関係のあり方によるところも。親の愛情をいまひとつ実感できていない場合、愛情を確認したいという思いで「買って」と駄々をこねることがあります。逆に、日常的に親が共感的な場合、子どもは親の愛情を十分実感しているので駄々をこねる必要がありません。日頃から自分の好きなことをたっぷりやれている子どもも同様。

「買って」が多いと感じたら、子どもを否定する言葉が増えていないか、共感が不足していないか、子どもが好きなことがやれているか、見直してみましょう。

具体的なその場の対処法はP54で。

 親野の子育て応援メッセージ　子ども笑っているなら、部屋が散らかっていても大丈夫

「みんなやってるよ」では 子どもの自己実現力は育たない

みんなと
鬼ごっこしてきたら?

ワタシは
こっちのほうが
楽しいのに、ママは
イヤなのかな?

これも同じです

- 「ひとりだけ勝手なことをしてはいけません」
- 「みんなと同じことをしよう」

「なにしたい？」「やりたいことでいいよ」と自分で考える機会を与えよう

「みんなやってるからやろう」というのは、親が同調を求めて子どもの行動を抑制しようとしていることが多いのですが、同調を強要しすぎると「みんなと一緒じゃないとダメだ」という気持ちが強くなり、自己主張ができなくなります。自己主張ができないと自己実現力も育ちません。自己実現力というのは、「自分でやりたいことを見つけて、どんどんやっていく力」。そのためには、子どもが自分で考える機会を増やす声かけをしましょう。「あなたはどうしたい？」「自分のやりたいことでいいよ」などです。

子どものころに養いたい自己実現力。これには自分で考える機会が必要

日本では「ひとりだけ勝手なことをするな」「みんなと同じことをしなさい」と言われて育ちます。しかし、大人になって仕事をすると「みんなと同じではダメ、オリジナリティをだせ」と言われます。急にそう言われても無理。これは、日本の学校や家庭での教育方針が時代遅れということ。子どもへの声かけをもう少し気をつけてほしいと思います。

子どもは謙遜を理解できない。「うちの子なんて全然ダメで」という謙遜の言葉をそのまま間に受けてしまう

・三者面談で先生に「学校ではしっかりしていますよ!」と言われ「うちでは全然」と謙遜する

謙遜するのはもったいない。素直に「ありがとう」と言おう

子どもは大人の会話をよく聞いている
謙遜すればするほど子どもは傷つく

ママ友などに子どもをほめられたママが「え～全然だよ～。家ではわがままで困るし」などと謙遜することはよくあります。日本人は謙遜を美徳とするので、反射的に答えてしまうのかもしれません。

しかし、それを隣で子どもが聞いていると「ママは自分のことをそんなふうに思ってるんだ」とショックを受けてしまいます。子どもにはまだ謙遜が理解できないからです。

子どもをほめられたら、素直に「ありがとう」と答え、子どもには「よかったね～。うれしいね」と一緒に喜びましょう。実は、大人同士の会話から自分がほめられていることを聞くと、素直に聞き入れることができ、親への信頼感が高まります。

人前での我が子のほめ方

「○○ができるようになった」ではなく、「こんな練習をしたらできるようになったんだよね～」と言うのがおすすめです。

子どもはとても素直。「泣き虫〇〇ちゃ〜ん」という短所いじりは、冗談であっても通用しないことがある

これも同じです

- 「あなたは川で拾ってきたんだよ〜」と言い、子どもが信じたら笑う
- 親戚などの前で子どもをネタに笑いをとろうとする

自分の子どもだからといっていじっていい理由にはなりません

冗談は子どもには通用しない
親のことを嫌いになってしまい
ひねくれた考えを持ってしまう

よく泣く子に「泣き虫◯◯ちゃ～ん」といじったり、おしゃれを覚えた子どもに「色気付いたな」と茶化すなど、**大人は冗談のつもりで言っているのですが、子どもに冗談が通じるとは限りません。**「バカにされてる」「笑いものにされてる」と受け取り、そうした親をイヤだと感じる可能性もあります。

そういうことが多い環境で育つと、「人をからかっていい。茶化していい。バカにしていい」と思ってしまい、きょうだいや友達にも同じことをするようになる可能性があります。

我が子のかわいさ余っての発言だとは思いますが、結果としていいことがないので、気をつけてほしいと思います。

からかいもほどほどに

「◯◯だけ置いてっちゃおう」「◯◯のごはんだけないかも」も、子どもが真に受けることも。冗談のつもりでも通じてないことがあると心得ておきましょう。

073

「鼻が低いからねぇ〜」など

外見にまつわることは愛情を込めて言ってもNG。人を見た目で判断する価値観やコンプレックスが生まれる

これも同じです

- ぽっちゃりしている子に「子ブタちゃん」と言う
- 「○○くんは身長が高くていいね。うちの子は低くてさ〜」

我が子であっても他人の子であっても外見への言葉は今すぐやめよう

二重はいい、一重はダメなどと、偏った価値観が刷り込まれコンプレックスになることも

ある50代の女性は子どものころ、父親に「お前、左から見るとブサイクだな」と言われました。それからは、人と話すときに、首をひねるようにしました。大人になった今でもそのクセが抜けないそうです。父親に悪気はなく、そんなことを言ったことも覚えてないでしょう。

この例ほどひどくなくても「鼻がもう少し高ければよかったね」「二重でいいね、うちなんて一重だから」など我が子の容姿に対しての発言が多いと、鼻が高いほうがいい、二重のほうがいいという固定観念が生まれます。それは、人を見た目で判断する価値観「ルッキズム」にもつながりかねません。自分のコンプレックスにつながり、なかなか変えられない見た目に、無力感や劣等感ばかり募ってしまうこともあります。

子どもとの会話では、子ども本人だけではなく、人を見た目で判断するような言い方をしないように気をつけていく必要があります。

074

「パパが帰ってきたら怒ってもらうからね!」

という責任転嫁は親への信頼をなくしてしまう

これも同じです

- 「そんなにうるさくしているとお店の人に怒られるよ!」
- 「先生に言って怒ってもらうからね!」

怒っているのは自分。人に責任を押し付けてはいけない

子どもは叱られるのがイヤなので、言うことを聞きますが、それがなぜよくないことなのか理解したわけではありません。なにが悪いかわかっていないのに、子どもはパパが帰ってくるまでイヤな気持ちになり、「パパが帰ってこないほうがいい」と思う可能性もあります。

ほかにもある責任転嫁

病院での「そんな子はお医者さんが注射するって」や、レストランでの「そんなことしているとお店の人に怒られるよ」なども同じです。

責任転嫁したほうは信頼をなくし、責任転嫁されたほうは子どもからうとまれてしまう

「パパに怒ってもらうよ！」は罰則型の叱り方です。さらに、叱っている母親自身ではなく、他者に責任転嫁して叱っているので、厄介ですね。

自ら子どもに向かい合う責任を放棄してパパに責任転嫁していると、子どもの母親に対する信頼感が失われます。それで、ますます母親の言うことに耳を傾けなくなる可能性があります。

075

「パパは全然家事をしなくてイヤ」などの夫婦間の愚痴は、子どもにとってはただの悪口

あぁ、もっと
家事ができる人と
結婚すれば
よかった

ママって
パパのこと
嫌いなんだ…
ママを悲しませる
パパもイヤだな

これも
同じです

- 「パパは稼ぎが少ないから、ママも働きにでないといけないんだ」
- 「ママって怒ってばっかりで怖いよな～」

子どもにとって大切な人の愚痴はNG。自己開示のための愚痴ならたまにはOK

夫婦間の愚痴を聞かせるのはＮＧ
ただ、仕事の愚痴は、
本音を引きだす手がかりに

親だってストレスが溜まったときは誰かに聞いてもらいたくなりますよね。でも、子どもにパパやママの愚痴を聞かせることには、やはりリスクもあります。

子どもは愚痴と悪口の区別がつかないので「ママはパパのこと嫌いなんだ」とモヤモヤしてしまいます。愚痴が多くなると「ママに苦労させて、パパってダメだな。こんな大人になりたくない」と父親のことを尊敬できなくなり、言うことを聞かなくなってしまうかもしれません。

家庭以外の愚痴ならたまにはＯＫ

ただし、親が愚痴を言えば、子どもも自分の愚痴を言いやすくなるということはあります。「自己開示の返報性」という、秘密を打ち明けてもらうと、自分も同じ程度の打ち明け話をしたくなるという法則。子どもの様子がおかしいなと思ったとき、「ママ、会社でさ〜」と軽い愚痴を聞いてもらってから「学校でなんかあった？」と聞くと、話してくれるかも。

「こんなママでごめんね」と親が自己否定の言葉を使いすぎると子どもの自己肯定感もさがる

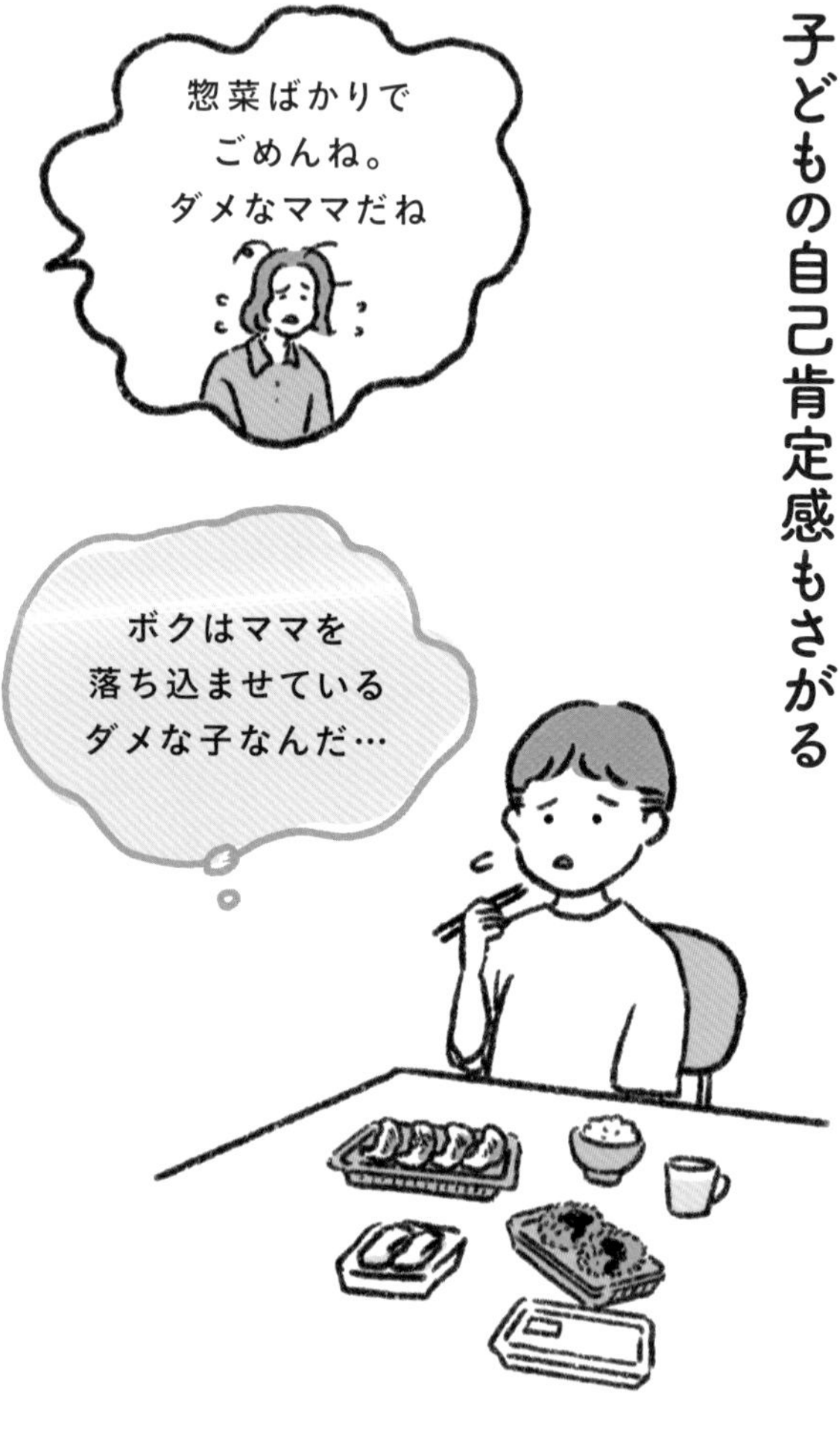

これも同じです

- 「ママなんて」「どうせわたしなんて」などとネガティブな発言が多い

うそでも口角をあげて笑おう。脳が「しあわせだ」と勘違いしてくれる

親の自己肯定感と子どもの自己肯定感は相関関係がある

園児から小学生（4〜12歳）とその親333組が参加した「自己肯定感に関するアンケートによる実態調査」では、親と子どもの自己肯定感には相関関係があるとわかりました（出典：ほめ写プロジェクト）。

つまり、親の自己肯定感が高いほど、子どもの自己肯定感も高くなります。自己肯定感が低いと「どうせ自分なんて」という考えが定着し、他者と比較ばかりして「劣っている」と悲観的になります。

まず親の自己肯定感を高めることが大事。それには日頃から否定的な言葉をやめて肯定的な言葉を増やすこと。肯定的な言葉を使っていると自己肯定感も高まります。また、笑顔でいると脳が「今しあわせなんだ」と勘違いしてせっせとしあわせホルモンを出し、実際にしあわせになれます。

また、「ほめ写」には親も子どもも自己肯定感が高まるという研究結果があります（P250参照）。「ほめ写」は誰でもかんたんにできるのでおすすめ。

077

子どもに「妹（弟）とボクどっちが好き？」と聞かれて「あなたのほうが好き」と答えるのはおすすめしない。親の愛情が平等ではないと感じる

あなたのほうが好きだよ

う〜ん

やった〜！

ママにとって妹は下、ボクは上！

これも同じです

●「内緒だけど、あなたがいちばんだよ」と言う

「みんないちばんだよ」と親の愛情は平等であることを伝えて

子どもはきょうだいの「不平等さ」に敏感　不安に感じているのかも

平等に育てているつもりでも、子どもに「妹とボクどっちが好き？」と聞かれることはあります。安心させるために「あなたがいちばん」と答えてしまいたくなりますが、おすすめしません。

あとで妹に「ママは妹よりボクが好き」と言う可能性もありますし、なによりその発言は「親の愛情は平等ではない」と言っているのと同じだからです。

すると、叱られたときに「嫌われて順位が入れ替わるかも」と怯えることになります。親の愛情は無条件に平等であると伝えるべき。ですから「みんな大好き」「みんないちばん」と答えてほしいです。

子どもは不安なのかも

そう聞いてくる理由の背景には子どもが「不平等さ」を感じている可能性が。「お兄ちゃんでしょ」「妹なんだから」などと言ったり、上の子をあとまわしにしたりすることが増えているのかも。子どもの視点で一度振り返ってみて。

078

子どもの「見て、見て！」に「ちょっと待って」といつもあとまわしにしていると子どもの不満は溜まる一方

ママっていつも
ワタシのことは
あとまわし…

待って一

これも同じです

- 「ママ忙しいから、テレビ見て待ってて」
- 「もう、今話しかけないで」

「待って」の前に一瞬でも受け入れて、「これが終わったらまた見せて」と言おう

「あとまわしにされている」と思わせないようにするのが大事　一瞬でいいから受け止める

子どもは親の状況を考えずに余裕がないときに限って「ママー」と話しかけてきます。思わず「ちょっと待って！　今手が離せない」と言ってしまいがちですが、これが多いと「自分はあまり大切にされてない」と感じます。**いったんボールを受け止めてあげることが大事です。**

たとえば夕飯をつくっているとき。絵を描いていた子どもが「見て」と持ってきたとします。そのとき、ただ「ちょっと待って」と言うより、一瞬手を止めて目を合わせて「できたねえ。すごい」と受け入れてから「これだけやっちゃうから、待っててね。あとでもう一回見せて」と言いましょう。**一度受け入れてくれたことに子どもも納得して、待てます。**

「ちょっと」が待てないワケ

「ちょっと待って」の「ちょっと」がどのくらいかわからないと待てません。「洗濯が終わるまで待っててね」など具体的に言うといいでしょう。

テストの点数を見て「はぁ～」とため息をつくと必要以上に罪悪感を抱いてしまう

これも同じです

- テストの点数を見て「がっかりだわ」とつぶやく

勉強だけにこだわらず、好きなことをたっぷりさせて自信を持たせよう

どうしても勉強が苦手な子はほかのことで伸ばせばいい

子どもがテストで親が期待しているよりも低い点数をとってきたとき、思わず答案を見ながらため息がでてしまうかもしれません。このようなことが繰り返されると、「自分はママをがっかりさせた。自分はダメな子だ」と、子どもは必要以上に罪悪感を抱くことになります。

テストの点数が悪くても、親は必要以上に落ち込んだり、叱ったりしないこと。

親がいくらがんばっても、勉強が苦手な子はいます。その場合は、勉強だけにこだわらず、子どもが好きなことを徹底的にやらせてあげて、自信を持てるようにするといいでしょう。人生勉強がすべてではありません。勉強は選択肢のひとつにすぎないのです。

自然体験はおすすめ

どんぐり集め、落ち葉の布団、砂・泥遊び、動植物とのふれあいなどの自然体験は、芸術的創造や科学的な研究の源に。机上の勉強よりも大切なことを学べます。

コラム7

「家庭内ルール」のつくり方

ゲームやテレビ、SNS、スマホなど、現代の子どもたちの身のまわりには楽しいものがたくさん。しかし、そればかりになると、勉強、読書、運動、親子の会話、より創造的な遊びなどの時間がなくなります。見かねた親が一方的に「この約束を守りなさい」と押し付けても、当然子どもは守るはずがありません。結果的に親がガミガミ叱り続け、親子関係が険悪になる……という例も多いです。

この状況を改善するのが「民主的なルール決め」です。そのためにはまず、本音を共感的に聞き合うことからはじめましょう。

❶子どもが「みんなやってるよ。ワタシだけやらないなんてあり得ない」と言ったら、決して否定することなく「確かにそうだよね。ひとりだけやらないのは難しいね」と共感的に聞く

❷子どもの気持ちを十分に聞いたら、「あなたの気持ちはよくわかったよ。でも親としても心配。スマホばかり見ていると目にもよくないし、勉強や寝る時間もなくなるよ」と心配する気持ちを穏やかな言い方で伝える

❸危険性を伝えたいときは「悪い事件に巻き込まれることもあるみたいだよ。こないだも……」と具体的な事件の情報を伝える

❹お互いの本音を共感的に聞き合ったら「ルール決め」にすすむ

❺ルールに入れるのは、たとえば「勉強後にやる」「食事中にやらない」「一日○時間」「子どもの部屋には持ち込まない」「新しいゲームはパパやママにも教える」「知らない相手とやりとりしない」「個人情報はSNSで公開しない」「SNSは限定公開にする」「困ったことがあったらすぐ相談する」など

❻一方的にルールを押し付けるのはNG。お互いに主張したり、譲ったり、妥協したりして、民主的に話し合って、着地点を決める

❼ホワイトボードや大きな画用紙などに書いて、見やすい場所に置く

親が上から目線で押し付けるのではなく、ひとりの人間同士としてリスペクトしながら民主的に話し合うことが大切です。子どももルールづくりに関わることで、遵守意識が高まります。

コラム8

親子仲がぐんとよくなる

&

「自分は親に大切にされている。愛されている」「親はダメな自分も受け入れてくれる」と子どもが実感できるようにしてあげることが最優先です。それがないと、なにを言っても子どもは聞き入れてくれません。だから、親の言葉遣いは重要。

大切なのは「共感」と「肯定」です。

否定的な言葉で叱るのをやめて、明るく肯定的な言い方にする。そして共感的に話を聞きましょう。自分を認めながら親が話をしてくれると、子どもは「自分の気持ちをわかってもらえた」「自分はこのままでいいんだ」と思えるようになります。すると親子関係はどんどんよくなり、子どもはびっくりするくらいに素直に親の言葉を聞いてくれるようになります。

肯定しているつもりでも、実は否定している言い方もあります。例題をいくつかだしますので、ぜひ答えてみてください。きっとポイントがわかるはず。

娘が友達に「口が大きい」と言われて落ち込んでいたらなんと言う？

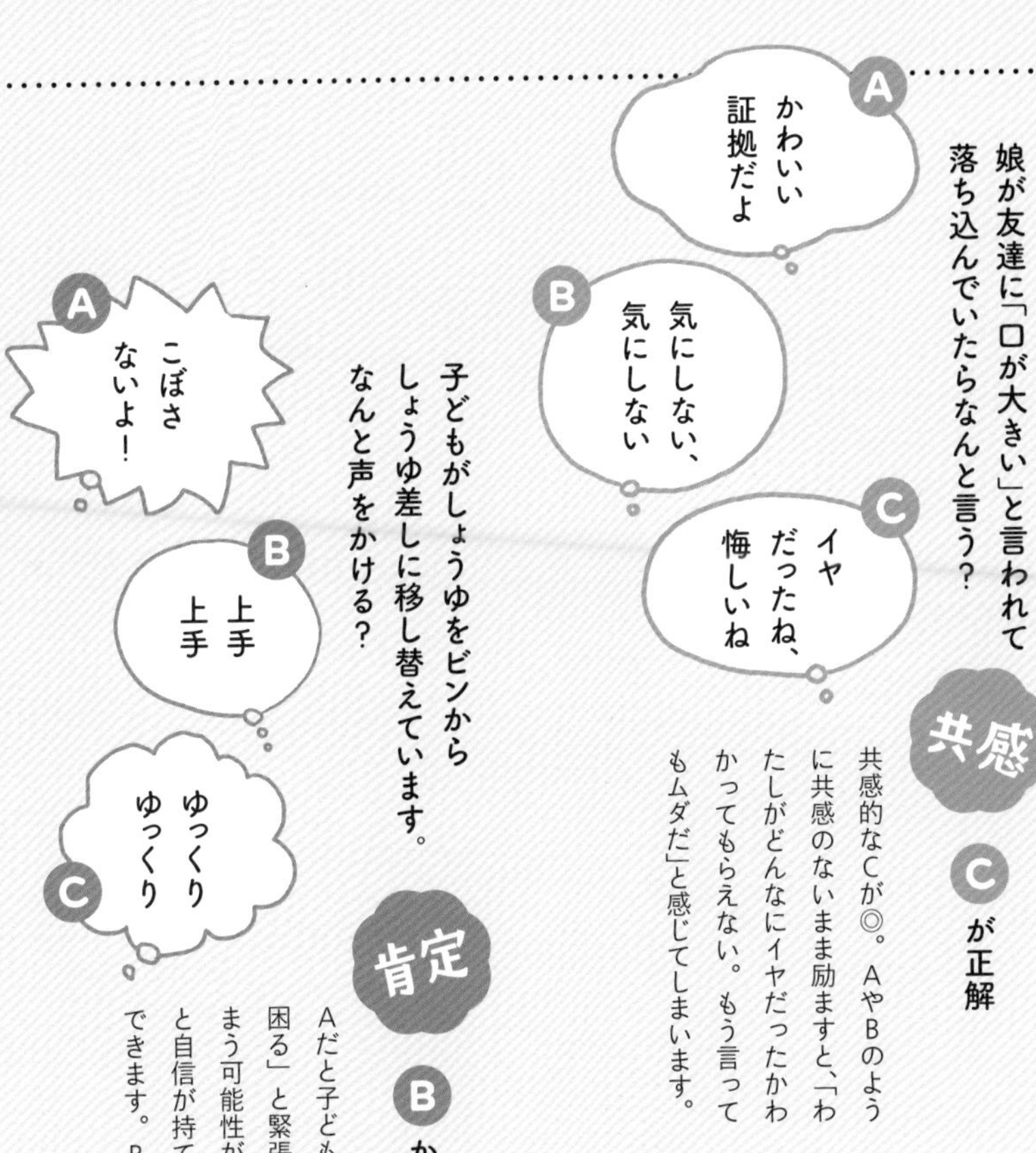

Cが正解

共感的なCが◎。AやBのように共感のないまま励ますと、「わたしがどんなにイヤだったかわかってもらえない。もう言ってもムダだ」と感じてしまいます。

子どもがしょうゆをビンからしょうゆ差しに移し替えています。なんと声をかける？

BかCが正解

Aだと子どもは「こぼしたら困る」と緊張してこぼしてしまう可能性があります。Bだと自信が持てて、Cだと安心できます。BかCが◎。

手が離せないとき、「できた」と宿題のプリントを見せにきたら？

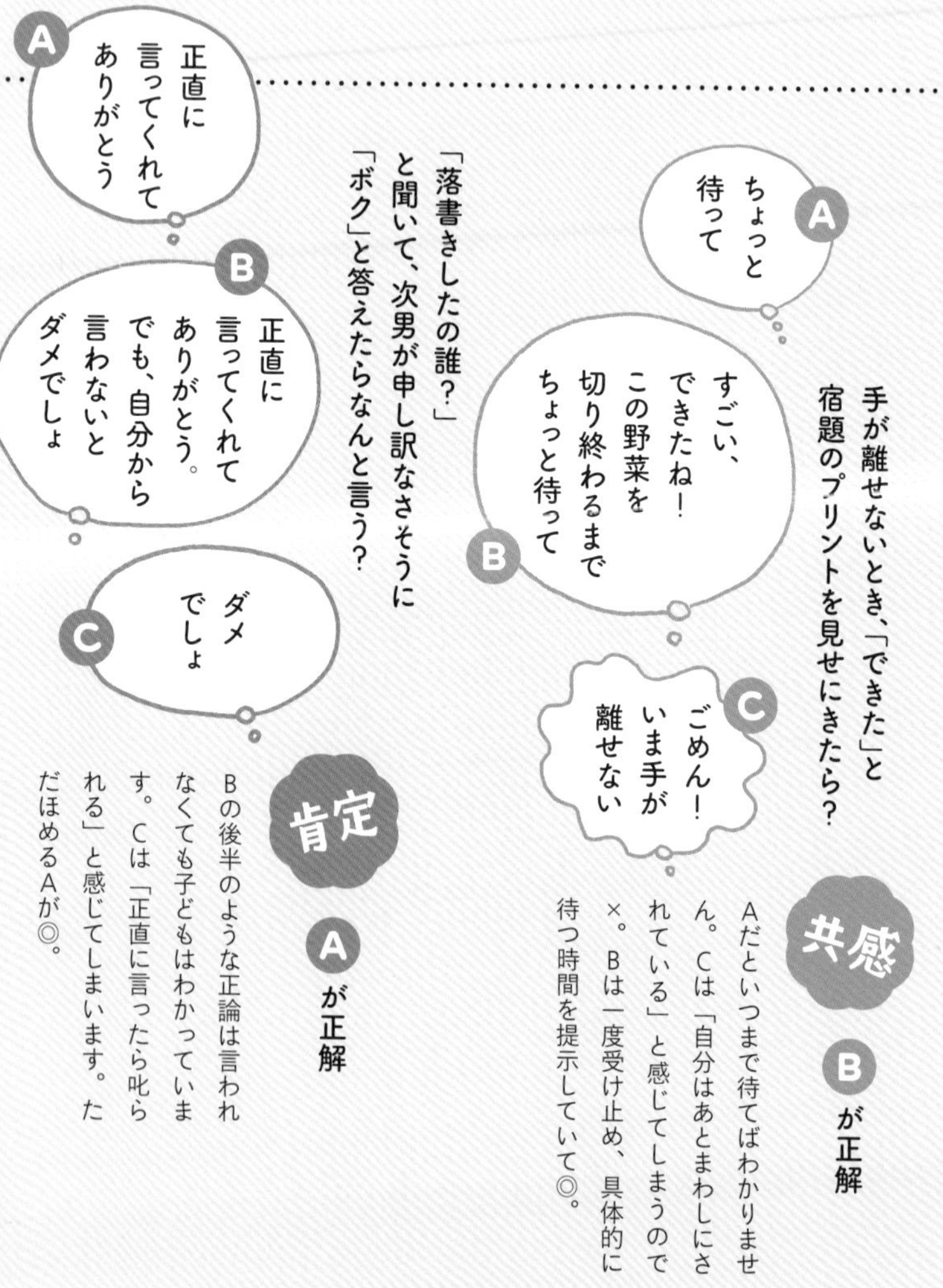

A ちょっと待って
B すごい、できたね！この野菜を切り終わるまでちょっと待って
C ごめん！いま手が離せない
A 正直に言ってくれてありがとう
B 正直に言ってくれてありがとう。でも、自分から言わないとダメでしょ
C ダメでしょ

共感

B が正解

Aだといつまで待てばわかりません。Cは「自分はあとまわしにされている」と感じてしまうので×。Bは一度受け止め、具体的に待つ時間を提示していて◎。

「落書きしたの誰？」と聞いて、次男が申し訳なさそうに「ボク」と答えたらなんと言う？

肯定

A が正解

Bの後半のような正論は言われなくても子どもはわかっています。Cは「正直に言ったら叱られる」と感じてしまいます。ただほめるAが◎。

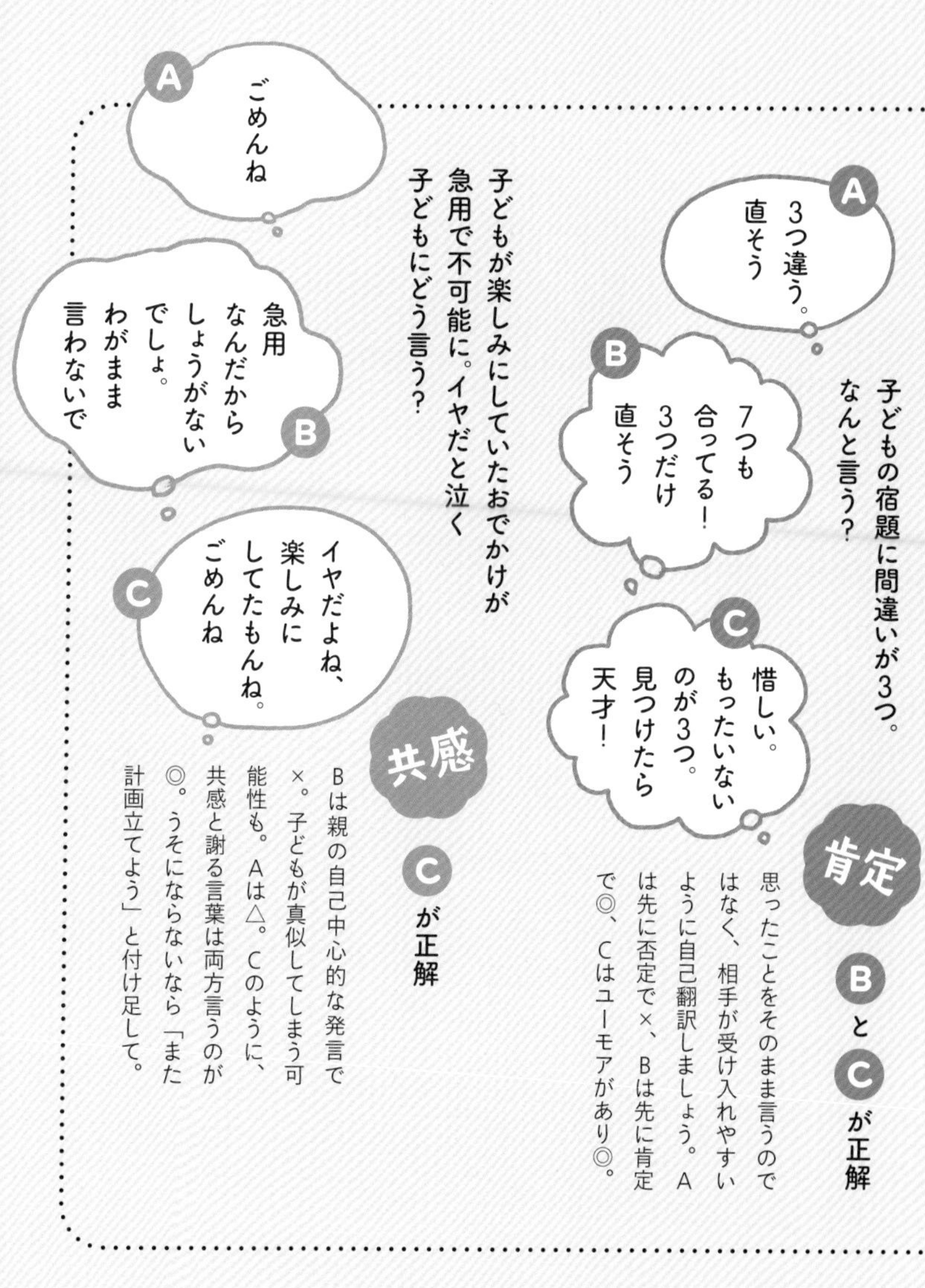
子どもの宿題に間違いが3つ。
なんと言う？
A 3つ違う。直そう
B 7つも合ってる！3つだけ直そう
C 惜しい。もったいないのが3つ。見つけたら天才！
肯定
BとCが正解
思ったことをそのまま言うのではなく、相手が受け入れやすいように自己翻訳しましょう。Aは先に否定で×、Bは先に肯定で◎、Cはユーモアがあり◎。
子どもが楽しみにしていたおでかけが急用で不可能に。イヤだと泣く子どもにどう言う？
A ごめんね
B 急用なんだからしょうがないでしょ。わがまま言わないで
C イヤだよね、楽しみにしてたもんね。ごめんね
共感
Cが正解
Bは親の自己中心的な発言で×。子どもが真似してしまう可能性も。Aは△。Cのように、共感と謝る言葉は両方言うのが◎。うそにならないなら「また計画立てよう」と付け足して。

コラム9

子どもに勉強させるには？

子どもがまったく勉強しようとせず、毎日宿題をさせるためにバトルになってしまっている……そういった場合は、とりかかりのハードルをさげることが大切です。その方法をいくつか紹介します。

方法❶「とりあえず準備方式」

用意するのはランドセルがふたつくらい入る広さの箱です。深さは5～6センチくらい。広くて浅い箱に、帰宅したらまずランドセルの中身を全部だし、それから遊びに行きます。そうすると遊びから帰ってきたときに、そこに全部でています。当然宿題のプリント、ドリルもでているので、とりかかりやすくなります。可能なら、宿題だけをピックアップしてテーブルの上にだし、該当ページに下敷きを挟んで、筆記用具を置いてからでかけます。子どもが自分でやるのがベストですが、親子で一緒にやったり、場合によっては親がやってあげてもOK。

方法❷「とりあえず一問方式」

遊びに行く前やおやつを食べる前に、とりあえず一問だけやってみる、書きとりなら一字だけ書いてみる、という方法です。プリントなら名前を書くだけでもOKです。一問やるときに、ドリルのページやプリント全体が見渡せるので、子どもも見通しがつきます。これは終わりが見えているということ。「これだけやればいいんだ」と思えると、本格的にとりかかるときのハードルがさがります。ついでに2問、3問……気づいたら全部やっていたということもよくあります。

方法❸「ウォーミングアップ方式」

実際の宿題をする前に、子どもが解けるとてもかんたんな問題を大きな付箋などに5問書いておいて子どもに解かせます。12＋4など、子どもが数秒でできるものにして、1問20点で100点満点がとれるようにします。脳科学によると、このちょっとしたウォーミングアップが効果的だそうです。脳の中には線条体（せんじょうたい）という部位があって、ここが「やる気」を司っています。ウォーミングアップでちょっとした達成感を味わうと、この線条体が活性化してやる気が高まります。

✤いちばん大切なのは「待つ」こと

この本でも、「熱中するものがあることが大切」だとたくさん書きました。そういうと「熱中していることがあれば、勉強を無理にさせなくてもいいのか？」と聞かれます。私は、勉強にこだわらず、なにかひとつでも熱中できるものを持てるようにしてあげることが大切だと考えます。

子どもに勉強してほしいと思っているなら、否定的な言葉遣いをやめ、肯定的な言葉遣いをして、前述のような勉強しやすい工夫をしましょう。でも、親ができるのはそこまでです。

やらない子に強制的にやらせようとすると、否定的に叱り続けたり、体罰的なことをしたり……ということになりがち。それは、弊害だらけです。ですから親は長い目で待つしかありません。子どももずっとやらないかというと決してそうではないのです。自己肯定感が育って親子関係がよければ、いずれ「やりたいこと」が見つかってがんばりだします。やりたいことを実現するために「英語を勉強しなくては」「挨拶もできるようにならなくては」と、自己実現に向けて動きだします。

急がばまわれ。自己肯定感と他者信頼感を持っている子なら、夢のスイッチを押す力を持っているから大丈夫です。

「大切にしたい」親の言葉

宝石だったら美しい宝石、ハサミだったらよく切れるハサミ……
物や道具はより優れている物やより役に立つ物が大切にされます。
傷がついたり、壊れたりすると価値がさがります。
でも、相手が人間だったら、相手が我が子だったらどうでしょう。
言うことを聞いてくれるから、
勉強ができるから、よくお手伝いしてくれるから。
そういう条件が満たされたときだけ大切にするでしょうか。
そんなことはありませんよね。
どんな親でも、我が子は無条件で大切なはず。

でも、それが子どもに伝わっていないことが多いのです。

親がしつけ優先で叱ることが多かったり、

条件付きのほめ方ばかりだと子どもは不安になります。

「本当に愛されているのかな」

「パパやママが思う『よい子』にならないと愛されないのかな」

児童心理学でも「子どもがいちばんうれしいのは、

自分の存在を無条件に肯定されたとき」だとされています。

ぜひ、この章で解説しているような

無条件に子どもを肯定する言葉を贈ってほしいと思います。

それに、いい言葉は贈られた子どもだけでなく、

贈った親もしあわせになります。

脳はちゃんと自分の言葉も聞いているからです。

080

「あなたのことが大好き」

無条件で丸ごと肯定する言葉は
子どもをしあわせ体質にする

ワタシは
大切にされてるんだ!
自分は存在して
いいんだ!

大好き♥

これも
同じです

- 「あなたはママ(パパ)の宝物」
- 「そのままのあなたでいいんだよ」
- 「生まれてきてくれてありがとう」

愛されているという実感はいちばんの栄養。日頃から「大好き」と伝えよう

「自分は愛されている。私もみんなが大好き」「自分は存在していいんだ」「自分は役立っている。うれしい」「毎日楽しい。あれもこれもやってみたい」と生きるエネルギーにあふれています。自信がつき、いろんなことにチャレンジできます。

ナルシストになるのでは？

自意識過剰になるのは自信がなく、「他人からどう見られているか」を過度に気にしてしまうから。愛されている実感のある子は、必要以上に他人を気にすることはありません。

愛されていると実感している子は自分を人と比べることがなく思いやりの心も持てるようになる

子どもを「丸ごと」肯定する言葉を贈りましょう。「○○できたから大好き」などの条件付きではなく、「どんなあなたも大好き」というすべて肯定したメッセージであることが重要。生まれてくれてありがとう。大好きだよ。いてくれるだけでうれしい、しあわせ。どんなときも味方だよ。あなたは宝物……。

愛情をたっぷり受けて育った子どもは

毎日笑顔で「おかえり」と出迎えると子どもの心は安定する

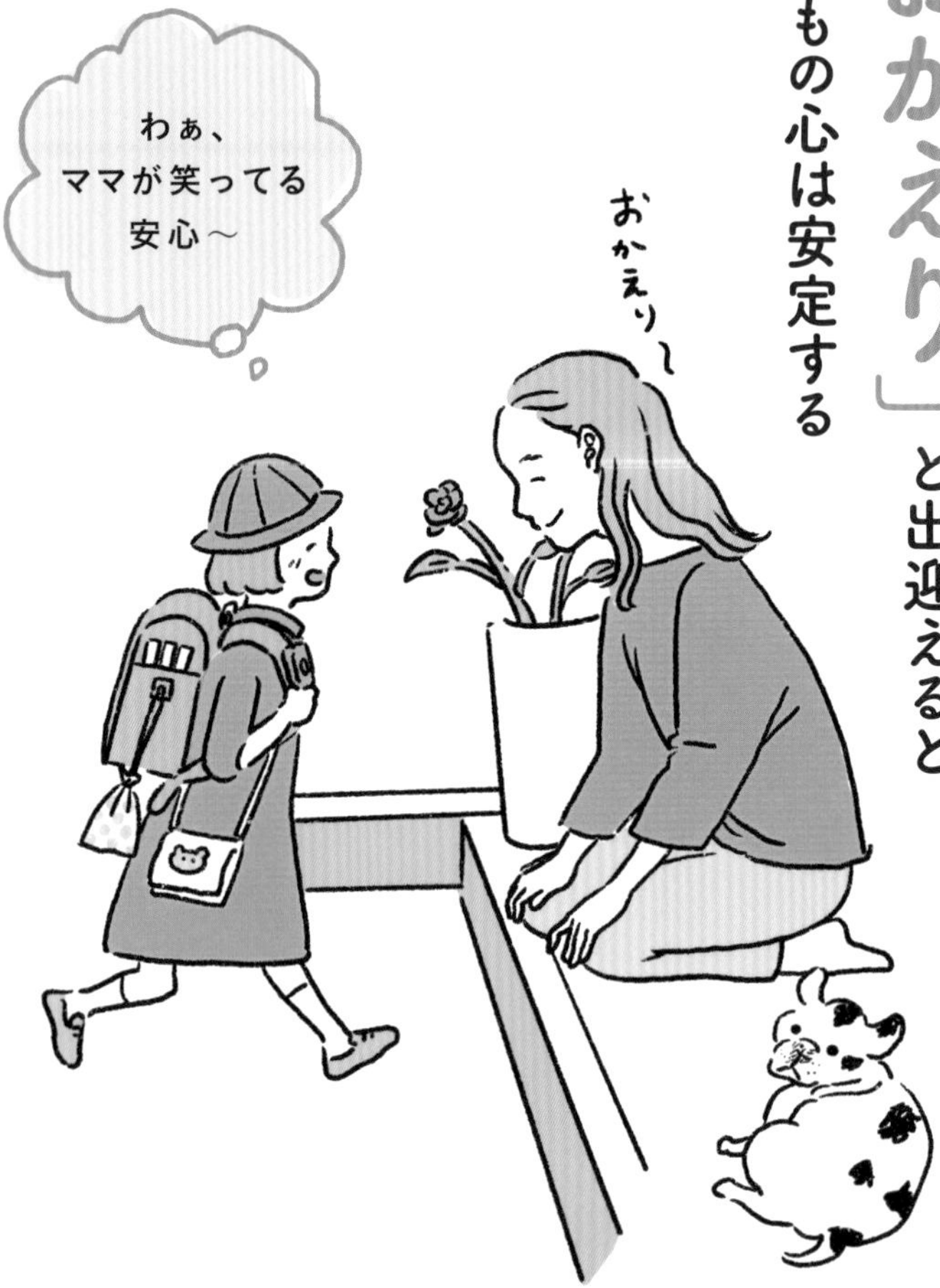

これも同じです

- 「今日も無事帰ってきてくれてうれしいよ」
- 「元気に帰ってきてくれてありがとう」
- 笑顔で子どもを迎えてハグする

ハグをプラスして親子の信頼関係をもっと深めよう

親子のスキンシップが多い子どもは学力が高いという研究も

半日離れていた親からの言葉が「帰ったらただいまでしょ？」や「靴をそろえなさい」「手を洗いなさいね！」では子どもは悲しいです。まずは無事に帰ってきてくれてよかったという気持ちで「おかえり」と笑顔で迎えましょう。**笑顔で迎えられた子どもは、それだけで安心感を得ます。**

もっとおすすめは「おかえりのハグ」です。ハグによって親にも子どもにも「オキシトシン」というしあわせホルモンがでてきます。このホルモンが分泌されると、相手への信頼感が増すともいわれています。**不安な気持ちも解消されるため、勉強に集中でき、記憶力が高まります。結果、学力の向上につながるという研究もあります。**

ハグを嫌がる場合は？

無理やりはＮＧ。嫌がる場合は、言葉で「今日も元気に帰ってきてうれしい」と伝えましょう。

「ごめんなさい」を大切にすると 親子の信頼関係がぐっと深まる

ママも
言いすぎちゃった
ごめんね

ママが謝ってくれた
ワタシの気持ち
わかってくれたんだ

これも
同じです

- 「ママが言いすぎたね。ごめんね」
- 「パパはカッとなっちゃったんだ。
あんな言い方しなくてもよかったのにごめん」

理不尽に叱ってしまったときはひとり反省するのではなく子どもに謝る

自分は感情的になりすぎて必要以上に叱ってしまった だから謝ろう、という意識を持つ

明らかに親のミスで子どもに迷惑をかけてしまったとき「ごめん」と謝る親は多いと思います。でも、感情的に叱りすぎたとき「叱りすぎてごめん」と謝れる親は、少ないのではないでしょうか。子どもは親が感情的に叱ったとき、「そんなに言わなくてもいいじゃないか」と感じています。3歳くらいになれば、叱られる理由も頭では理解できています。でも、感情的かつ理不尽に叱られたことで気持ちの部分で納得できていません。そこで「言いすぎてごめんね」「ひどい言い方してごめんね」と、親が謝ってくれれば気持ちの部分も納得でき、叱られた内容も素直に理解できるようになります。

謝らないと？

謝らないままだと子どもの心は離れていきます。ただ、「ひどいこと言ってごめん。でも、あなたもいけないんだよ」は、謝ったことにならないので要注意。謝り方の見本を見せるのも教育です。

「がんばってるね」のひと言で子どもの自己肯定感があがる

ボクは
がんばっている
このままで
いいんだ

上手 上手

これも
同じです

●「大好きなゲームの時間を割いて取り組んでるんだね」

「がんばれ」は逆効果になることも。「がんばってるね」でやる気を高める

「がんばれ」よりも「がんばってるね」のほうが子どもは何倍もうれしい

「がんばれ」は、本人が「これからがんばるぞ」と思っているときは励みになる言葉です。でもときには、「努力が足りないと言われた」と感じたり、プレッシャーになったりもします。また、がんばりすぎてしまう子や、思春期近い子にとっては逆効果になることも。

一方で「がんばってるね」という言葉は、今の状態を丸ごと肯定する言葉です。ありのままの自分を肯定してもらえると、自分でも自分を肯定できるようになります。そういった言葉をたくさん投げかけてもらえた子は自分に自信が持てます。

嫌々宿題をやっているときや、子どもが嫌いなことをがんばってやっているときも、「がんばってるね！」がおすすめ。気持ちが前向きになり、意欲が湧いてきます。

親も自分に言い聞かせて

子育ては本当に大変。たまには「わたしがんばってる」と自分に言ってあげて。

084

子どもの自慢話は否定せず「へぇ〜。がんばったね」と聞くことで自信を保つ

パパにほめて
ほしいんだ!

すごい
なあ

これも同じです

● 子どもが「僕○○なんだよ!」と自慢してきたら「へぇ、○○なんだ!?」とセリフを繰り返すことで肯定する

自慢話には結果をほめるのではなく その過程をほめるようにしよう

子どもはうれしい気持ちと自慢の区別がつかないから自慢を過剰にとらえる必要はない

「ワタシ、クラスでいちばんうまいんだよ！」などと、自慢話をする子もいます。でも、成長につれて周囲の受け取り方も考えられるようになるので、それほど心配いりません。

それより心配なのは、急激に自信を失うこと。小学校低学年くらいまで自信満々だった子が、そのあとだんだん自信をなくすことがあるからです。ですから、ソフトランディングさせて自信を保てるようにするほうが大切。結果だけをほめるのではなく、「がんばってるね。パパもうれしい」と過程を大事にしてほめましょう。

肯定と安易な同調は区別を

「お兄ちゃんより宿題が早くできた」と自慢してきたら「がんばったね」と肯定してOK。でも「お兄ちゃんより早くてすごいね」は安易な同調なのでNG。「自慢ばかりしていると嫌われるよ」は否定。絶対にNGです。

085

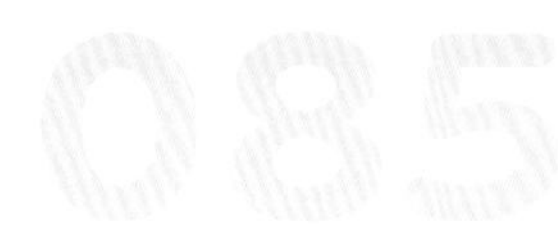

勉強をしている子に「そんなことができるようになったの!?」と驚くことで勉強が好きになる

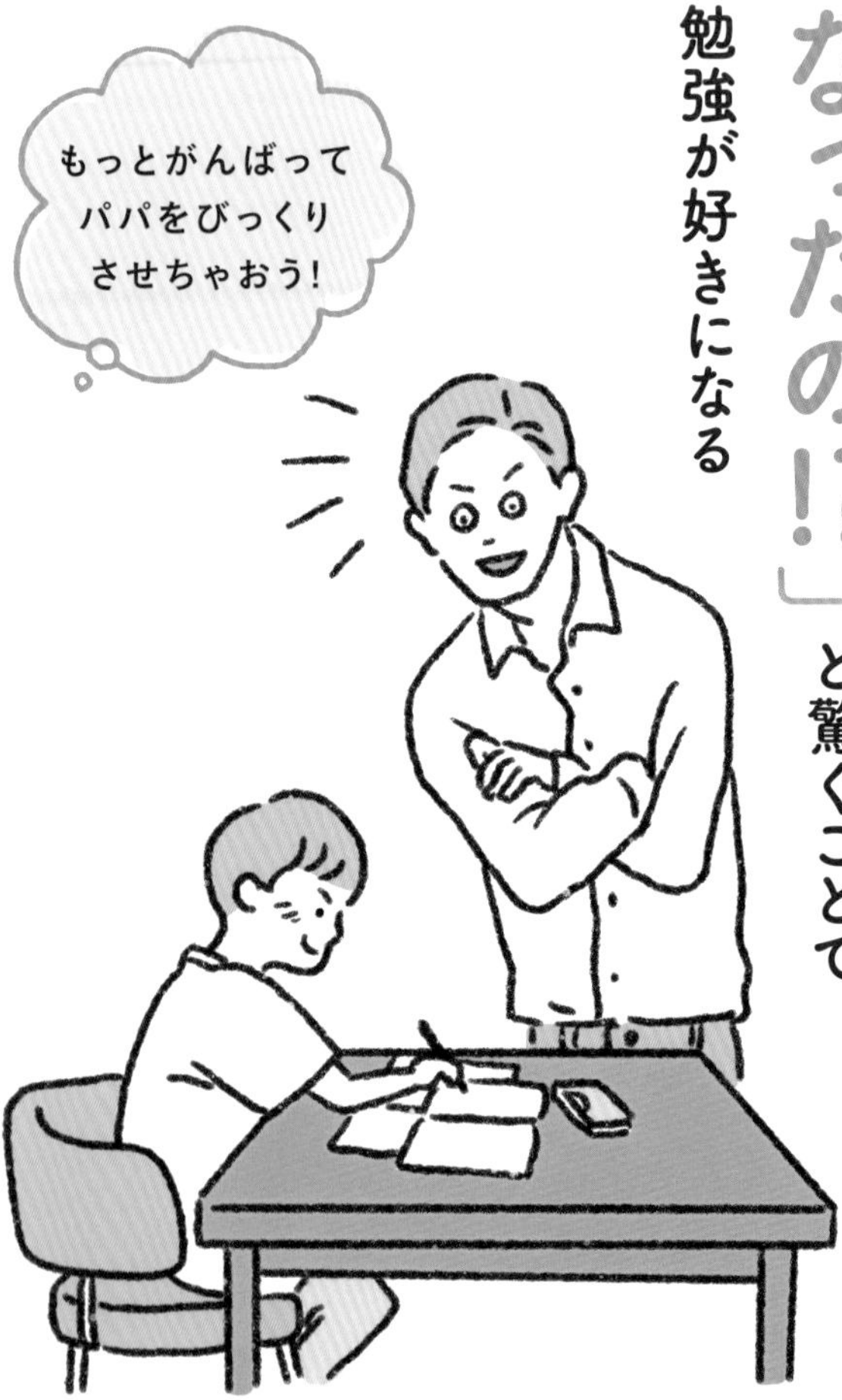

これも同じです

- 子どもに「勉強しなさい」と言わずにじっと待つ
- 「すごい集中力だね」とほめる

日頃から子どもを観察してより具体的に成長したところをほめよう

子どもを勉強好きにしたいなら、勉強について肯定的な言葉をかけてほめることです。学校で習ったことを子どもが教えてくれたり、宿題をしているときに「すごい！　そんなことできるようになったの？」と驚いてほめましょう。できなかったものができるようになった自分に気づき「勉強おもしろい。もっとできるようになりたい」と思えるようになります。ほめる内容は具体的なほど効果的。「九九が七の段まで言えるようになったの？　すごい！」など。そのためには日頃から子どもを観察することが大切。

勉強好きになるためには勉強に対して否定的な言葉を投げかけないこと

子どもは学校で毎日新しいことを学んでいます。家に帰っても宿題をしなければいけません。子どもだって大変なのです。そんななかで勉強について否定的な言葉をかけられたら、やる気がなくなるのも当然。「勉強しろ」は、勉強が嫌いになる言葉なのです。東大生のアンケートによると、大半が「親から勉強しろと言われたことがない」そうです。

086

結果がでずに落ち込んでいる子に「チャレンジしたことがすごいよ」と努力をほめることで、次への活力が生まれる

ナイス
チャレンジ!!

がんばった
ワタシは
すごいんだ!
またがんばろう

これも
同じです

●「毎日がんばっていたことをママは知っているよ」

共感→具体的に承認する→親の気持ちを伝えるの〝3点セット〟を意識しよう

結果よりも努力をほめる
これは子育ての鉄則
親への信頼も高まる

がんばったことに結果が伴わないこともあります。まず、親が結果にこだわるのをやめること。結果にこだわっていると、どうしても叱ったり、愚痴を言ったりしてしまうからです。結果がでなかった子どもは十分悔しく思っています。

たとえば、発表会で上手にできずに落ち込んでいたとします。その場合は、まず共感。「悔しいね」。次にがんばったことを具体的に承認します。「でも、ママは大好きなゲームの時間を減らして練習していたことを知っているよ」などです。最後に「それだけでママはうれしかったよ」と親の気持ちを伝えます。この3点セットが大事。

子どもはがんばったことを言語化してもらうことで、自分もそのがんばりを再認識でき、自己肯定感があがります。そして、親の愛情を実感して、親に対する信頼感が高まるのです。「もっとがんばっていたらできたかもね」などは決して言わないようにしましょう。

087

子どもが悩みを話したがらないときは質問攻めにしない。「話したくなったら話してね」と伝えれば子どもは安心できる

これも同じです

- 「あなたはパパとママの宝物だよ」
- 「あなたはそのままでいいんだよ」
- 「自分のペースでいいよ」

とにかく家ではたっぷりリラックスできるようにしてあげよう

人との出会いを経験することで心がたくましく成長することもある

子どもが落ち込んでいるのを見るのはつらいもの。でも、「誰かとなにかあったの？」など聞いても、話してくれないこともあります。**無理に問いただそうとすると子どもにはストレスになります。**そういうときは、「どんなことがあっても、パパとママはあなたの味方。話したくなったらいつでも話してね」と伝えて。

気質的に落ち込みやすい子もいます。感受性が豊かでやさしい子に多いです。そういう子は気を遣いすぎて疲れてしまったり、人に譲ったりすることが多くなります。ストレスを溜め込む傾向が強いので、家ではリラックスさせてあげましょう。**家でたっぷりくつろげれば、また外でがんばれるかもしれません。**

さまざまな人間関係を体験することが成長につながることもあります。習い事、地域の活動、サマーキャンプなどでたくさんの人と出会うなど。ただし、子どもによっては余計ストレスが増えることもあるので、強制はしないで。

088

お手伝いをしてくれた子に「すごく助かったよ！」と感謝すると子どもは役に立ったことをしあわせに感じる

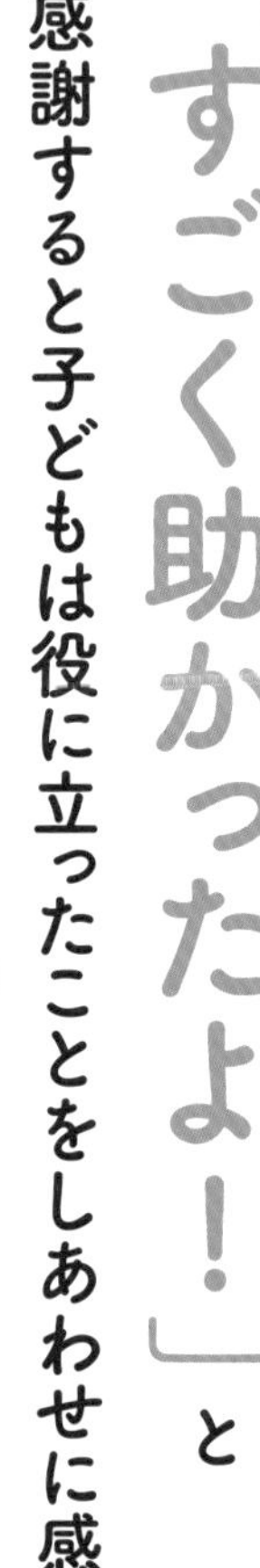

これも同じです

- 「あなたがいてくれてよかった！ すごく早く終わったよ」と感謝する
- 「ありがとう。おかげでラクになった」

子どもの幸福度があがる「おかげで」という言葉を声にだそう

自分が役に立ったと感じる機会が増えれば他人にもやさしくなれる

子どもが掃除をしてくれたとき、「掃除ができてえらい」と、「上から目線」のほめ方をすることが多いと思います。叱ってやらせるよりいいですが、いつもこればかりだと、子どもは「ほめられるためにやる」という意識になる可能性があります。そこで**おすすめなのが「横から目線」で感謝を伝えること。**たとえば「ママ、疲れていたから助かった」「おかげで家事がはかどった。ありがとう」などです。これは、ひとりの人間同士として**純粋に感謝する気持ちを伝えている言葉。そんな言葉をかけてもらった子どもは、自分が役立っていると感じてうれしくなります。**そして「ほめられるためではなく家族のため」という気持ちで取り組めるようになるのです。

夫婦間にもおすすめ

「おかげで美容院に行けたよ、ありがとう」など、夫婦間の会話にも「横から目線」を意識すると関係はよくなります。

089

「大変だね」はとてもよい言葉。子どもの愚痴を共感的に聞くことで親子関係はぐんとよくなる

これも同じです

- 「あなたも大変なんだね」と子どもの大変さを認める
- 「それはイヤだよね」「困るよね」と共感する

愚痴に「そうだね」と共感したうえでハードルをさげた提案をしよう

子どもとよい人間関係をつくることが大切それには、まず共感

ほとんどの親は子どもの愚痴に共感できません。子どもが「宿題多すぎ、やる気がでない」と言うと、親は「仕方ないでしょ！　やらないとダメ」と言います。しかし、職場に置き換えるとどうでしょう。同僚が「仕事多すぎだよね。やる気がでない」と言うと「本当に。大変だよね」と共感する人が多いでしょう。そのほうが、よい人間関係がつくれると知っているからです。子どものこととなると共感できないのは「指導しなければ」という気持ちが優先されるから。しかし、職場の人よりも子どもとよい人間関係をつくるほうが大事。**人間関係をよくするうえでいちばん大切なのは、相手の話を共感的に聞くことです。**

前述の例も「宿題を絶対にやらない」と言っているわけではありません。「大変だよね」と共感的に聞くと、子どもは「大変さをわかってくれた」と気持ちがラクになります。そのうえで「半分の半分だけやろう」ハードルをさげて提案を。

 親野の子育て応援メッセージ　自分もかつては子どもだった。そのことは忘れてはいけない

「失敗してもいいんだよ」と親が失敗を恐れない態度でいることで子どもがチャレンジできる環境をつくる

これも同じです

- 「ナイスチャレンジ!」と挑戦したことをほめる

子どもが失敗を恐れないために親が失敗のお手本になろう

失敗体験は成功体験と同じくらい大事なこと。チャレンジへのハードルをさげるのが大切

子どもはいろいろな点で大人とは違います。たとえば、大人は失敗すると、失敗したことを反省して次からは気をつけて行動することができますが、**子どもは、失敗をすぐに次につなげられるとは限りません。**

親は「次は失敗しないように学んでほしい」と思いますが、子どもは失敗を糧にして学ぶのが苦手です。自分の人生・生活・仕事を真剣に考えるようになるまでは、失敗を何度も繰り返します。

だから失敗を繰り返す子どもに「なんでまた同じことするの？」「いつも同じ失敗ね」などと責めても意味がないのです。それどころか、「失敗はダメなこと」という固定観念が生まれ、新しいチャレンジができなくなってしまいます。

おすすめなのは、親の失敗も見せること。そのときに「あ〜もう。最悪」と自分を責めるのではなく、その失敗を笑い飛ばすくらいで前向きに話すと、子どものチャレンジへのハードルはさがります。

091

子どもが成功したことに対して「パパもうれしい！」と共感すると子どもはもっとチャレンジできる

これも同じです

- 「ママ、感動しちゃった！」と抱きしめる
- 「すごい、すごい！」と満面の笑みで喜ぶ

上から目線ではなく、横から目線。物理的に目の高さを合わせてほめる

客観的にほめるのではなく
親が一緒に喜ぶことで
成功体験はよりうれしいものとなる

子どもをほめるとき、親はどうしても上から目線のほめ方になりがちです。たとえば、「やればできるじゃん」という言葉。これは「今まではがんばりが足りないからできなかったんだよ」という意味も含んでいます。ですから、子どもは心から喜べないかもしれません。

ですが「うれしいねぇ。パパもうれしいよ」とひとりの人間同士として「横から目線」で一緒に喜びを共有すると、子どもの成功体験はよりうれしいものとなります。「できた」という成功体験は子どもにとって大きな財産。自信がつき、「今度はあれにチャレンジしてみよう」と意欲も湧いてきます。成功したときのうれしさを知っていれば、失敗してもがんばることができます。

このとき物理的に同じ目の高さで、子どもと目線を合わせることも大切。言い聞かせるときもそうですが、ほめるときも親がしゃがんで目の高さを合わせると、言葉がより入っていきやすくなります。

092

子どもができないときに「ママと一緒にやろう」と声をかけて手助けをするのは自立への近道

これも
同じです

●「パパと一緒にがんばろう」

手伝うときは「そうそう」「上手！」とほめられるところをほめながら

子どもができないことを手助けしても、自立の妨げにはならない むしろ自信がついてやる気がでる

「子どもが苦手なことを親が手伝ったりやってあげたりするのは自立の妨げになる」と思っている人もいますが、それが**自立の妨げになることはありません。**

子どもがうまくいかなくて困っているときは、「ママと一緒にやってみよう」と手伝ったりやってあげたりしてください。**叱りながらではなく、ふれあいを楽しみながら。**そして、少しでもほめられるところは「上手、上手」とほめましょう。

そうすれば、子どももやり方がわかってきますし、「自分でもできそう」という自信もついてきます。そして、子どもの様子を見ながら、少しずつ手を離していきます。これは自転車の練習をするときと同じ要領です。

手伝わないと？

「人に頼るな、甘えるな、なんでも自分で」を幼いうちから刷り込まれて育つと、つらく苦しくてもSOSをだせない大人になってしまいます。

093

「今日のママは○○なんだ」と

イライラや忙しいといった親の状況や気持ちを子どもと共有することで気持ちのすれ違いがなくなる

ごめん。ママ、
仕事でイヤなことがあって
イライラしてるんだ
あなたのせいじゃないよ

イライラは
ボクのせいじゃ
ないんだ。
よかった

これも同じです

- 「今日はママ、頭が痛いの。機嫌が悪いわけではないからね」と伝える
- 「今日はイライラしているから、ここにいないほうがいいよ」と避難警報をだす

イライラのときは「イライラしている宣言」。子どものせいではないと伝えよう

イライラは誰でもするものだと受け入れ子どもにぶつけないように客観的な目線を持つことが大事

あるライターさんの話。ある日彼女は娘に「ごめん。今日は原稿の締め切りでイライラしてる。夕飯の支度もできない」と正直に打ち明けました。すると、娘が家族分の野菜炒めをつくってくれたそうです。彼女は「正直に言ってよかった。無理していたら、理不尽に叱ってしまっていたかも」と言っていました。

怒りやイライラは人間にとって自然な感情。その感情を抑圧して「イライラしてはいけない」と無理をすると、苦しくなったり、他者に当たったりしてしまいます。大事なのは客観的な視点で「あ、わたしイライラしてるな」と冷静に見つめることです。これだけでも子どもにイライラをぶつけることが減ります。また、先の例のように子どもに正直に話すことで、**子どもも「ママのイライラの原因は自分ではない」とわかり安心します。**ただし、「イライラしている宣言」で子どもを脅すのはNG。これは不機嫌で子どもをコントロールする手法です。

「この色使いがとても素敵ね」と子どもがこだわったところをほめると創造力が育まれる

子どもが自由に絵を描いているときに

これも同じです

- 子どもがつくった粘土の創作物に「この部分すごく工夫したね。とても素敵」と具体的にほめる

子どもの絵を見るときはこだわりを「見抜いて」具体的にほめよう

創造力を育むには子どもの努力や工夫を見抜いてほめること

子どもの創作物をほめるにはポイントがあります。それは、努力したところを「見抜いて」伝えること。そうすると、「創作することが楽しい」と感じられるようになります。「空は赤じゃないよ」や「はみだしてはダメ」「○○ちゃんはもっと上手だよ」などは禁句。

以前、図工の授業である男の子を「上手だねー」とほめたとき、その子はあまりうれしそうな顔をしませんでした。次の授業では、その子の描いているところをよく観察して「腕の立体感や丸みがよくでているね。肌の明るいところおから暗いところまで少しずつ色を変えたからだね」とほめたらとてもうれしそうな顔をしてくれました。

描いて終わりにしない

描いた絵は子どもを伸ばす材料にして、活かしきってほしいです。100円ショップのものでもいいので、額に入れて部屋に飾ると子どもは喜びます。

095

「写真を飾ろう！」と

家族で撮った写真を飾っておくだけで
自己肯定感が高まる。これは誰にでもできる

これも同じです

- 写真を見ながら「このとき楽しかったね」とか「よくがんばったね」などの思い出話をする
- 親子でアルバムづくりをして、つくったアルバムをすぐ開けるところに置く

写真をきっかけに親子のコミュニケーションを増やそう

写真を飾ると
親の自己肯定感も高まる
叱ることが減ったという体験談も

写真を飾ってほめる「ほめ写」を実施することで、子どもの自己肯定感が高まります。これは、発達心理学者の岩立京子先生の研究でも明らかになっています。「ほめ写」のやり方はかんたんで、子どもががんばっている写真や家族で一緒に写っている写真を、子どもが見やすい場所に飾るだけ。こうした**写真を飾っている家庭の子は、飾ってない家庭の子よりも自己肯定感が高い**という研究結果がでました。（詳しい方法はP250参照）。

また、研究の結果で「ほめ写」では**親の自己肯定感も高まるということがわかりました。自分が子育てをがんばっていることが、客観的にわかるから**だと考えられます。親と子どもの自己肯定感は相関関係にあることが多いので、必然的に子どもの自己肯定感も高まります。

また、イライラしているときも、素敵な思い出のある写真が目に入ると穏やかな気持ちになるものです。子どもを叱る回数が減ったという体験談もあります。

096

「パパが『すごい』って ほめてたよ」とほめていたことを別の人が伝えると効果的。子どもがパパに信頼感を持つようになる

これも同じです

- 「先生が『とってもがんばっていてうれしい』って言ってたよ。ママもうれしい」

家族の仲がギクシャクしているときは「ウィンザー効果」を活用しよう

直接ほめられるよりも第三者から伝えられるほうが信ぴょう性が高まる

母親に「すごい算数がんばってるね」と直接言われるのもうれしいですが、第三者から「ママが『算数がんばっていてうれしい』って言ってたよ」と言われるほうがもっとうれしいと感じます。これは「ウィンザー効果」と呼ばれるもので、**当事者よりも第三者の声のほうが信ぴょう性が増し、効果的に伝わるという深層心理です。**

ビジネスによく用いられるものですが、子育てにおいても意図的に使ってみるとよいと思います。きょうだい仲がイマイチなときは「お兄ちゃんが『弟が〇〇できるようになってうれしい』って言ってたよ」、父親との仲がギクシャクしていたら「パパがあなたのがんばりを見て、『すごいな〜』って感心していたよ」など。「自分のがんばりを見てくれている」という信頼感を持つことができ、関係改善に役立ちます。ただし、やりすぎると不自然さがでてきてしまうので、適度な回数で効果的に使いましょう。

097

「楽しいね！」の実感を大切にしよう。

家族で笑い合う時間は、家族みんなのストレス解消になる

これも同じです

- 子どもが騒いでも気にならない場所へ家族旅行に行く
- 親子で笑いヨガをする

Do better

ボードゲームやカードゲームを活用して家族みんなで楽しい時間を過ごそう

医学的にも笑いの効果は実証されている免疫力がアップするとも

子育て、家事、仕事に追われる日々は大変です。でも、子どもが親の相手をしてくれる短い期間を大いにエンジョイしてください。

親子で一緒に笑い合う時間を増やすと、いいことがたくさん起こります。それに気づいたある父親は、親子でボードゲームをすることを思いつきました。スゴロクからはじめたのですが、デジタル世代の子どもには新鮮で大ウケ。親子で一緒に大騒ぎしながら遊んで、子どもたちの笑う顔がたくさん見られました。笑いの効果は、医学的にも実証されています。ナチュラルキラー細胞が活性化し免疫力が向上。また、脳が活性化し、幸福感を感じたり、記憶力や集中力を高めたりする効果が期待できます。この例の父親は、子どもへの小言も減ったそうです。

おすすめは？

くすぐりっこ、変顔大会、じゃれつき遊び、人生ゲーム、野球盤、カルタなど。

親野の子育て応援メッセージ　親も子どもに感謝しよう。自分を親にしてくれた

098

寝る前に「今日のあなたはすごかったね」とほめることを習慣にすると子どもの心は満たされる

これも同じです

- 「今日はかっこいい姿を見られてママうれしかった」
- 「今日は○○をすごくがんばっていたね」
- 「今日もあなたとたくさん笑えてうれしかった」「大好きだよ」

寝る前の5分間は親子関係をよくするゴールデンタイムと心得て

寝る前の5分間子どもをほめることで親子の関係はぐっとよくなる

楽しいことを思い浮かべながら寝ると、寝ている間ずっと楽しい状態が続きます。悲しいことを思い浮かべながら寝ると、寝ている間ずっと悲しい状態に。なので、寝る前に子どもを叱るのは絶対にＮＧ。

ぜひ、「寝る前に子どもをほめる」を毎日実行してほしいと思います。子どもの自己肯定感が育ち、親子関係もよくなります。ほめる内容は、親がほめたいことより、子どもがほめられたいことがベター。「大好きだよ」「あなたのそういうところ、すごいと思う」「あなたのそういうところ、パパも真似したい」。このように言われると子どもは本当に喜びますし、朝もよい気分で起きられます。「いいとこ探し」をして、一日の最後にほめることを習慣化すると親子関係はどんどんよくなります。

早く寝てほしくて叱ってしまう

早く寝てほしくて頭ごなしに叱っても逆効果です。Ｐ28も参考にしてください。

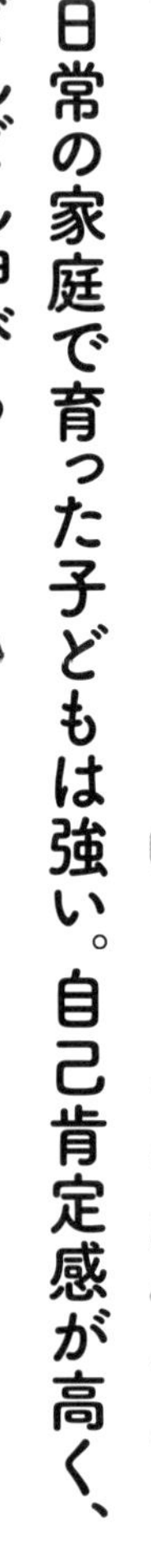

「あははは！」と大爆笑が

日常の家庭で育った子どもは強い。自己肯定感が高く、どんどん伸びる

これも同じです

- 子どもを一日１回笑わせる
- 子どもと一緒におもしろダンスを踊る
- くすぐりっこや笑いヨガをする

Do better

ダジャレ、変顔、ものまね、おもしろダンス…一日1回は子どもと一緒に笑おう

日常にユーモアを笑いがあふれる家庭の子どもは自己肯定感が高い

ある父親の話。子どもになにかやってほしいことがあるときはユーモアを交えて言うそうです。たとえば、子どもを起こすときには「10秒で起きたら天才。20秒なら凡才。30秒ならチンゲンサイ。チンゲンサイなら食べちゃう。用意、ドン。1、2、3……」。すると、子どもは29秒ぐらいのところで笑いながら起きるそう。「起きなさい！」と叱りながら起こすと、親も子もイヤな気持ちになりますが、これならお互い楽しいです。

タレントの関根勤さんも娘の麻里さんを育てる際、「生きていることは素晴らしい」と身をもって伝えるために、毎日笑わせるようにしていたそうです。

ぜひ、子育てにユーモアを取り入れて、温かみのある家庭を目指しましょう。そうすれば子どもは、**毎日安らかな気持ちで過ごせて、情緒が安定します。**親が自分を大切に思ってくれていることがわかり、愛情を実感できます。結果、**自分の存在を肯定する気持ちが育ちます。**

100

子どもの誕生日には「生まれてきてくれてありがとう」とスペシャルな話と一緒に伝えよう

これも同じです

- 「毎日あなたと一緒にいられてママはとてもしあわせ」
- 「あなたがパパの子どもで本当にうれしいよ」
- 「これからもよろしくね」

誕生日はとことんスペシャルに。生まれたときの話をたくさん話そう

子どもは誕生日が大好き
それは自分の存在そのものを
無条件に肯定してもらえる日だから

「大好き」などの言葉を日頃から子どもに贈ってほしいのですが、とくに誕生日には絶対に贈ってあげてください。また、その子がお腹のなかに宿ったとわかったときや生まれたときの気持ちなど、スペシャルな話もしてあげましょう。

手紙を贈るのもいい

ある大学生は、中学の体育祭で実行委員をやり遂げたときに親がくれた手紙を今でも大切に持っています。もらったときは反抗期真っ最中で、ありがとうも言わなかったけど、今でも宝物だそうです。

無条件に愛情を注がれている子どもは、親に対する信頼感が高まります。同時に、自分を肯定できるようにもなります。つまり、他者信頼感と自己肯定感が同時に高まるのです。このふたつは長い一生を生きていくうえで本当に大事。発達心理学者のエリクソンも佐々木正美先生も、基本的信頼感とは「人を信じる力と自分を信じる力」のことだと言っています。

コラム10

自己肯定感があがる「ほめ写」のすすめ

現代は気軽に写真を撮れるようになりました。この写真の力を使って子どもの自己肯定感を伸ばす「ほめ写」をぜひ試してみてください。「ほめ写」とは、子どもの写真をプリントして家に飾ることで、親が子どものことを大切に思っている気持ちを、目にみえるかたちで伝える試み。

実際に幼稚園から小学校に通う子どもとその親600組に対してアンケート調査を実施したところ、写真を飾っている家庭の子はそうでない家庭の子よりも、自己肯定感が高いという結果がでました。写真は、趣味、遊び、習い事、発表会など、子どもががんばっている・熱中している姿や、生まれたとき、七五三、入学式などの写真、親やきょうだいと楽しそうに写っている写真がよいでしょう。生まれたときの写真は、親や祖父母、上のきょうだいが喜んでいる様子などを見ることができ、愛されている実感につながります。また、「ほめ写」では親の自己肯定感もあがります。ポイントは次のとおりです。

✤親やきょうだい、祖父母と一緒の写真、がんばっているところや輝いている姿の写真を飾る
✤親と子で貼りたい写真が違うことも。子どもと一緒に選ぶのもおすすめ
✤きょうだいで偏りがないように枚数に気を配る
✤反抗期で写真を撮らせてくれないときは無理強いしない。昔の写真でOK
✤写真を撮るときは、子どもだけでなく、ときには親も一緒に入る。スタジオや出張撮影など、プロに撮ってもらった写真で家族の記念や思い出を共有するのもよい
✤子どもが見やすい高さに飾る

写真を貼って常に見ることで、過去のがんばりと成功体験や、楽しかった思い出を何度も思い出せます。それが自信につながったり、愛されているという安心感につながったりします。子どもの成長にとてもいい影響を及ぼすのです。また、普段仕事などで家にいない父親と一緒の写真を多く飾ることで、父親の存在をいつも感じることができてよかったという体験談もあります。

おわりに

子育てはほかのどんな仕事より難しく、ほかのどんな仕事より大事です。
なんといっても、ひとりの人間をお預かりして育てさせていただいているのですから。

これほど大事なことがほかにありますか？
博士や大臣の仕事の百倍大事だと、私は思います。

それを毎日おこなっているあなたは立派です。
そのこと自体に誇りと自信を持ってくださいね。

そして、疲れたらとにかく休んでください。
たまには子どもと離れてひとりになれる時間が持てれば最高です。
誰かに愚痴を共感的にたっぷり聞いてもらうのも効果的。
そういう場所や人を確保するよう、日頃から心がけてほしいと思います。

ひとりで抱え込んだり、自分を責めたりするのは絶対に避けましょう。
どんなに愛するわが子でも、ギャーギャー、ドタバタが続けばイライラします。
親がどんなに一生懸命やってもうまくいかないことも多いですし、
それが子育てというものなのだと思います。

そういうときは「もう無理。助けて」と言っていいのです。

夫、妻、自分の親、自分のきょうだい、親戚、近所の人、友達、先生、保育士、医者……、とにかく助けてくれる人に頼りましょう。

自治体の子育て電話相談や、ネットの育児相談などを活用するのもよいと思います。「子育て　相談　自治体名」「育児　電話相談」で検索すれば相談先がでてきます。

ところで、子育ての難しさのひとつの要因として、いきなり本番がはじまるということも大きいと思います。

つまり、車の運転は自動車学校で練習できますが、子育ては練習できないのです。

ですから、みんな手探りで進むしかありません。

誰がやっても必ずそうなります。

みんな「果たしてこれでいいの?」と迷いながら進んでいます。

子育てに自信がある親なんていません。

でも、幸いなことに今の時代は子育てや教育の情報がたくさん発信されています。

本、ネット記事、動画、ＳＮＳなど、その気があれば非常に多くの信頼できる情報に接することができますので、ぜひ積極的に情報をとりに行ってみてほしいと思います。

そして、そのなかのひとつとして本書もご活用いただければ、著者としてこれほどうれしいことはありません。

本書が、みなさんのしあわせな子育て生活のお役に立てることを心から願っております。

親野智可等

親野智可等
（おやのちから）


教育評論家。本名・杉山桂一。長年の教師経験をもとに、子育て、親子関係、しつけ、勉強法、家庭教育について書籍・ネット・新聞・テレビなどで具体的に提案。

最近では、子育て世代に寄り添ったSNS投稿が話題。「ハッとした」「泣けた」など、多くの支持を得ており、オンライン講演を含む全国各地の小・中・高等学校、幼稚園・保育園のPTA、市町村の教育講演会、先生や保育士の研修会でも大人気となっている。

著書に『子育て365日』（ダイヤモンド社）、『反抗期まるごと解決BOOK』（日東書院本社）など多数。人気マンガ『ドラゴン桜』（講談社）の指南役でもある。

詳細は「親力」検索してHPから。

イラスト
くぼあやこ

山形県出身。イラストレーター。2006 年ボローニャ国際絵本原画展入選を期にイラストレーターとして活動をはじめる。著書に生後１か月から２ 歳までの子どもとの風景を描いたイラスト集『育児百景 Slice of Life』（KADOKAWA）がある。2 児の母。

参考文献

- 佐々木正美『子育てでいちばん大切なこと』(大和書房)
- 東洋経済ONLINE “夏休み、子どもの「ゲーム依存」を防ぐには”
  https://toyokeizai.net/articles/-/297971(参照2023-9-27)
- ほめ写プロジェクト　https://homesha-pj.jp/

ちょっとしたひと言が、子どもを伸ばす・傷つける
親の言葉100

2023年11月25日　初版第1版発行
2024年9月25日　初版第4版発行

著者　親野智可等
イラスト　くぼあやこ
発行者　津田淳子
発行所　株式会社グラフィック社
〒102-0073
東京都千代田区九段北1-14-17
電話　03-3263-4318(代表)
　　　03-3263-4579(編集部)
Fax　03-3263-5297
https://www.graphicsha.co.jp/
印刷・製本　TOPPANクロレ株式会社

ISBN978-4-7661-3820-7